JN026353

仙台藩の敗因

戊辰戦争

吉野 敏
YOSHINO SATOSHI

幻冬舎MC

戊辰戦争——仙台藩の敗因

はじめに

慶応四年（一八六八）一月三日に勃発した鳥羽伏見の戦いから、明治二年（一八六九）五月十八日函館戦争の終結までの約一年半、五百二日間に及ぶ国内最大の争乱を戊辰戦争と呼んでいる。

戊辰とは、慶応四年が、干支の十干のなかの戊（つちのえ）と十二支の辰（たつ）との組み合わせの戊辰の年に当たることから名付けられた。このような例は、壬申の乱（六七二）にも見られる。

この戦争を「日本近代」が創出される一過程である、或いは幕藩制国家が天皇制国家へ転換する過程に発生した大内乱である（石井孝著『戊辰戦争論』）と位置付ける説。また明治維新のなかで「維新の変革はブルジョア革命」説、これに対し「封建的絶対主義を廃絶しなかったのでブルジョア革命ではない」との論争がある。また絶対主義の国内統一戦争であり、これに敵対した勢力、なかでも東北諸藩は、新政府の徳川氏に対する態度、総督府の会津・庄内藩に対する「私怨」的行為について自藩も同じ運命になりかねない要素を見出し、当時の周辺の軍事情勢もあり列藩同盟に踏み切ったもので、そこには自藩の封建的土地領有の擁護の思想が働いていた。換言すれば列藩同盟的権力と絶対主義勢力との闘争であった（原口清著『戊辰戦争』）との説などがある。しかし、敗者のなかには、総督府の私怨的行為を強く批判する一方で、アカデミズム論争とは無縁である、また勤王と佐幕の問題でもないとの主張がある。

歴史に「若し」はなく、ヴォルテールの「過去の歴史などというものはすべて一般に認められた作り話に他ならない」という言葉に納得できるものがある。

いずれにしても会津藩と仙台藩が主力の奥羽越列藩同盟軍が、白河攻防戦で西軍に敗れ、続いて仙台藩は、福島各地の戦い、そして相馬藩と仙台藩との藩境の駒ヶ嶺・旗巻峠の戦いで敗退。これにより九月二十四日、降伏。戦いが終結した。

これらのみじめな戦いぶりが、藩祖伊達政宗以来、武勇を誇り、奥羽の覇者或いは奥羽探題を自任していた仙台人士の自尊心を喪失させたばかりか、時勢に対応できる人物が存在しなかったとし、明治新政府から「白河以北一山百文」と蔑視された。

このような仙台藩の崩落過程を追って見ていきたい。

目次

第五章　仙台藩の終末

第六章　戦後処理

第一章　仙台藩の内情

一　飢饉

仙台藩は、たびたび飢饉に見舞われた。

特に、小氷期といわれた天明三年（一七八三）から同六年にかけての天明の飢饉は、浅間山の噴火による降灰が冷害凶作をもたらし、餓死者が三十万人に達することとなった。

浅間山は、天明三年四月九日に噴火。一か月半ばかり平穏であったが、五月二十六日に再噴火。三日間続き、六月十七日から断続的に、二十九日から連日、七月六日から爆発し、翌日火砕流が発生、北麓の鎌原村を呑み込んだ。村では四百七十七人が死亡、高台の観音堂に逃れた九十三人が助かった。火砕流が吾妻川に流れ込み泥流となり、洪水をもたらし前橋周辺だけでも千五百人ほど死亡した。この浅間山の噴火による降灰が関東一円ばかりか、ヨーロッパの上空にも達した。

その五十年後の天保四年（一八三四）から同一〇年（一八三九）にかけて連年凶作・飢饉が続き、天明の飢饉より深刻といわれる飢饉に見舞われ、またしても多くの餓死者が生じた。その数は、明確ではないが十五万人ともいわれている。

東北地方、なかでも南部領、仙台領、相馬領を含む浜通りでは、三陸より吹き込む低温の東風や北東の風が「こち」或いは「やませ」と呼ばれており、梅雨の頃の「やませ」は、冷気を含み濃霧となり日照時間を減少させ、米その他の作物の生育を妨げ、収穫が減量したことから、餓死や疫病をもたらした。

仙台藩の米の収穫量は、実収百万石といわれていたが、冷害により、

天保四年　七十五万九千三百余の損亡。

同　五年　まあまあの作柄。

同　六年　七十三万三千五百二十二石余の損亡。

なお同年六月二十五日　地震、仙台城石垣崩れる。

同年閏七月七日　大風雨・洪水、同二十三日　再び大洪水。

と災害が続発した。

同　七年　九十一万五千七百八十四石の損亡。

同　八年　六十三万二千三百石の損亡。

同　九年　八十二万六千石の損亡。

と連年凶作により減収が続き、凶作が幕末まで慢性的に続いた。

そのため人々の生活が困窮した。

仙台藩の禄高五十石、大番士の別所万右衛門が「天明癸卯年凶作留」、「天保凶歳日記」を残している。日記は、下級武士の生活と社会状況、災害、米や穀類そして野菜の値についても記録している。この日記の一部を引用する。なお原文中の（　）は虫食いなどによる欠け字である。

たとえば天保四年九月のうち、
九月廿（　）曇り、袷着　米引揚申候
一、市中米　一切付二斗
一、同白米一升　百四文（　）

一、小豆壱升　百二十文又は百文位（　）
一、大豆壱升
一、小麦壱升六十弐（　）売人不足
一、大麦壱升八拾壱（　）不足
一、くだけ米壱升　七拾五（　）
一、一貫六百文　一切ニ付（　）
一、門（　）　茶や豆腐無之、こんにゃくを如（　）腐切咄てん（　）一切致
一、郷六千壱升　弐拾文
一、河原町売り　洗（　）壱升二付九文（　）より百文迄
一、かほぢや者（　）十四文（　）
（　）
（　）
此節貸人不足（　）
値段　猶事（　）食物（　）
凡而高直也

一、侍屋敷　宿守妻并子供等、米売之無心日々有

一、下（　）下女給金なし、喰事ニ而奉公致度願所也（　）

一、世上大所へ入小盗大流行（　）番人（　）様、右ニ付盗人在之、及沙汰（　）相聞得申候

一、評定所御吟味ニ可被相懸、喰物盗人ハ、下役共詮議見詰ニ而、直々迫払候由、相聞申候

一、田作少しも宜敷所ハ、番人揃置由、番人付置不申候へハ、夜ニ入稲穂を被盗候由

一、玉造郡山根辺ハ、比節蕨（　）等穿敷（　）松木の合皮を取、餅ニ搗食候由、是ハ（　）と申咄御座候

一、御奉行衆　月十三日より徒ニ而歩行
　御一門衆　月廿日過より徒ニ而歩行
　詰所巳上槍なし　上下三人也

と米や野菜等の騰貴、米を無心する者、食事だけ与えられることで奉公するつまり口減らしのため無給で働くこと、松の木の皮を松皮餅として食べている、食物の盗人が多いので奉行所も厳罰にせず追い払う程度で処理している、などと惨状を記録して

いる。

なお金一切とは、金一分相当である。

宿守とは、参勤交代などにより留守の家を管理のため預かり、居住している家主をいう。

さらに同日記は、同年十二月のうち、
一、十二月上旬、道路倒死者、その屋敷主、五人組為立合、別而故障之筋無之候ハバ、其断申達、直々御人足、寺へ相葬候様被相触候事、是迄ハ、倒死在之、其屋敷主相達、御検使申受、御改侯上、御指図次第相葬へ候共、此頃寒気ニ而、数人倒死之ニ付、前段之御触、天明之通被仰出候事。
とも記録し、増えている行倒人の取扱を五人組の立合なしで、屋敷主のもとで葬ることにしたと伝えている。なお古老の話では、屋内での死亡者の弔いをする力が失われているので、ごろごろと転がして縁側から降ろし、敷地の片隅に埋めたという。

浮浪民、乞食、盗人、強盗が城下に満ち、空き家が増加。餓死者が増え、疫病が広がり、米価が高騰。備蓄米ばかりか五穀もなくなったので、領民は春、夏は野菜、山菜そして草の根まで食い尽くした。

また剥ぎ取った松の樹皮まで食べた。これを松皮餅と称し、剥ぎ取った樹皮を灰汁に入れた水で柔らかくなるまで煮た上、流水に晒し、細かく刻み臼でつき麦粉を入れ、蒸し団子や餅にしたものである。

このため街道の松並木の手の届く高さまで樹皮が剥がされ、白い木肌があちこちで見られたと伝えられている。

秋は、悲惨である。当然のことに草根もなくなり食べるものがない。領民は食物を求め城下に流入した。その途中で行き倒れる者。青白い顔でよろよろ歩き食べ物をあさり、盗みもした。

盗みに対し、村では厳しく盗人を殴り殺す、川に投げ入れる、村八分と称する村落の中から除け者にする私刑が行われていた。藩当局は、これらを見ぬふりをしていた。

領民ばかりでなく下級武士階級からも餓死者が生じていた。

しかし、上級武士は、広い屋敷に居住していて邸内に実のなる樹木や菜園があったので、飢えに至らなかった。果実の樹木ばかりか、植樹のあることが、その後の社の都といわれる景観を維持することになった。

市中ばかりか、田畑の少ない沿岸部では、餓死者が多かったという。

天保七年七月十日、石巻では、貧民が富豪を襲い打ち壊す騒動が起きた。そして他の町場にも波及し騒動が十日も収まらなかった。これに伴い餓死者が相次いだ。死体が路傍に放棄され、大鳥が食い荒らしていた。臭気が鼻につく状態なのに人々は慣れてしまい、若い女子まで平気でそばを通り抜けていたと噂になった。また車に死体を何体も積んできて、大穴に放り込んでいたなどと語られている。

藩当局は、蔵米の払い下げ、他領米の買い入れを行うなどで米価高騰の抑止を図り、また城下に居住する士分の者に采地への帰住を促したが、その程度の弥縫策では効果がなかった。

稲作の改良や冷害に対する強力な取り組みが必要であったが、藩当局は、その対策を取れなかった。

他藩では、米作ばかりでなく、木綿、菜種油、蝋燭、紅花、藍、煙草などの換金作物を生産する政策をとり、米作主体農業からの転回を図った例が見られるが、仙台藩には、それが徹底されなかった。その原因がどこにあったか。貧困による気力の萎えか、自然災害という諦めか立ち向かう術を見失ったのか、根本的な対策を取らなかった。

そのためもあって藩政の近代化への転回が遅れた。

なお、天保四年頃から全国的に百姓一揆、都市騒擾、村方騒動が続発するようになり、天保八年二月十九日、大坂で大塩平八郎の乱が起きている。

二　財政

仙台藩では、藩祖政宗公以来、買米制度が取られていた。

これは春に、藩が無利息で農民に金を貸し、秋の収穫時に貸金を回収する手段として時価で米を収納、これを江戸に回送・販売し収益金を藩蔵に納める政策である。

当初は歓迎された制度であったが、宝暦五年（一七五五）の凶荒により藩財政が逼迫したことから同七年に前金制度を廃止し、現金買いを採用した。その後、五代藩主吉村の享保一七年（一七三二）、西日本のウンカによる凶作に伴い、江戸での米価が高騰し、五十万両の利潤を得たが、その後、不作、財政の窮乏、役人の不正等があり、農民の生活を圧迫したので、買米制度が破綻した。

藩は、調達を大坂の商人升屋に求めるとともに寛政一一年（一七九九）蔵元として米の販売等を委ね、升屋に差米の権利を認めた。

差米とは、米質を検品するため竹の切り口を斜めにした「刺し」と称する竹筒を米俵に差入れて取り出し、検品することである。この取り出し分を升屋が得た。この差米を積出港の石巻など、そして中継地の銚子、さらに江戸と三ヶ所で行った。

これは俵数が多いほど升屋の利益が大きくなるが、仙台藩には利益をもたらすものではなかった。

武士は、そろばん勘定に弱いので升屋にいいように取り行われた。

当時升屋の番頭は、江戸時代の経済学者として知られる山片蟠桃だった。しかし仙台人には、何が経済学者かとの批判がある。

仙台藩の石高は、表高が六十二万石、それに新田開発による蔵入石が三十万石から四十万石といわれていた。

しかし、家臣の数が多いため知行高が本禄高を若干上回っており、それに扶持米、役料、城中の御膳米、江戸藩邸穀等の固定費があったので、新田からの蔵入米、上納金、運上金等を充当しても常に歳入不足であった。それに幕府への手伝普請、参勤交代費用、蝦夷地警備費、それに度重なる冷害による米の減収から、歳出を補填するため富商から借金を仰ぐことになった。

そして借金返済に充当するため新田からの収納相当をもって買米制度を継続しなければならなかった。しかし、買米制度が江戸の米価に左右されるので歳入が慢性的に不安定になっていたのである。


江戸時代後期には、幕藩体制が揺らぎ、幕府の政策が行き詰まっていた。時代は、それまでの米価中心経済から商業中心経済、つまり重農主義から重商主義へ変化しつつあった。幕府はこの変化への対応を徹底しなかった。

幕府は、天保の改革に着手したものの失敗に終わった。

薩摩藩では調所広郷を中心とした藩債の整理、砂糖その他の特産物の増産、琉球との貿易等による藩政改革を断行した。

長州藩は、村田清風らによる財政緊縮や重商主義的政策を取るなどの藩政改革が行われた。東北でも米沢藩は殖産興業政策を推進し成功している。

仙台藩には、こうした大胆な財政改革の動きは見られなかった。

五代藩主吉村の「仙台藩享保の改革」で紅花、煙草等の生産を奨励、絹織物、和紙などの特産品の育成に当たった。また、但木土佐が執政に就任するや殖産興業に着手したものの具体的に見るべきものが少なく、藩内消費にとどまる程度の生産高であったので富国強兵までには至らなかった。

また、第十二代藩主斉邦は、文政一〇年（一八二七）十二月に襲封したが、同一二年に幕府より関東の河川の改修を命じられ巨費を投じた。この幕府の国役として普請などを命ずる一方で、仙台藩などに凶作のためなどとしてお助け金を貸与している。矛盾がある。

仙台藩は、天保四年の凶作のため財政が一層窮乏するに至ったので、藩主自らの膳を減らし粥を食して倹約に努め、天保五年（一八三四）正月、以後五年間、十万石の格式をもって諸事簡略にすべきと命じた。その時藩債が、既に七十万両に達していた。当然、藩士の生活も緊縮しなければならなかった。役人の役料等が減額、扶持米も人数割による支給になったので飯米も事欠く状態に陥った。一方、米価ばかりか諸物価も高騰し、粥おろか雑穀を食することさえ困難な生活であった。

天保七年から同八年にかけて餓死者が十五万人も生じたといわれている。

藩政の立て直しが困難であったところに、藩主斉邦が、天保一二年（一八四一）七月二十四日、二十五歳で夭折した。
同年九月七日、十一代藩主斉義の第二子の慶邦が、十七歳で第十三代藩主を襲封した。

連年の凶作、天保一三年五月の上野寛永寺の修理等の負担、蝦夷地警備費、軍備費の出費等が財政立て直しを困難にしていた。

このように連年の凶作による歳入不足、また藩主に幼君が続き強力な指導力を発揮できなかったこと、論の統一意見が形成されなかったことなどから、財政の立て直しができないまま戊辰戦争に突入した。

三　仙台藩の知行形態

仙台藩の家臣の知行形態は、重層的で複雑であった。そのため中世的要素が残存していると評されている。

家臣の人数は、組士・足軽などを含め一万人前後、それに家格として一門、一家、一族、宿老、着座、太刀上、召出、平士があり、一門十一家、一家十七家、準一家八家、一族二十二家と門閥家格が占めている。

一門（十一人）は、かつて伊達氏と対等の大名であったが、のちに服属した氏やそれに準じた、或いは重臣であった家柄。

一家（十七人）は、晴宗の頃からの姻戚関係や譜代の主従関係を持つ者。

準一家（八人）は、かつては大名、多くは政宗の代に召し抱えられた者。

一族（二十二人）は、多くは伊達家の世臣或いは政宗の早い頃に仕えた者。

宿老、着座、太刀上、召出のうち宿老は、奉行職に任じられる家柄の四家、着座は、政宗の近習或いは低い身分から重用された者、家格によらず政宗の親近と手腕によって取り立てられた。

さらに知行形態が、城拝領、要害拝領、所拝領、在所拝領という特殊拝領形態と普通拝領形態という在郷に分類される。

城は、町場、山林、居屋敷、侍足軽屋敷を含むもの。要害は、町場、山林、居屋敷、侍足軽屋敷を含むものであって実質には城と同じであるが、城は、幕府が指定したものとされており、白石城のみである。

幕府の指定は一国一城が原則。要害は藩が指定したものであった。

所は町場、山林、居屋敷、侍足軽屋敷を含み藩が指定したもの。
在所は、山林、居屋敷、侍足軽屋敷を含み藩が指定したもの。
在郷は、知行地で自前の居屋敷や家中、足軽屋敷を取り立てたもの、また知行地に家中、足軽屋敷がないもの。

禄の支給形態は、地方支給、蔵米支給、切米支給、扶持方支給とあった。

この中で元文三年（一七三八）に行われた調査の「家譜」に基づいて知行高に対する比率を求めると、

一万石以上八名　　二八・八パーセント
五千石以上六名　　六・八パーセント
三千石以上五名　　三・三パーセント
一千石以上四十八名　一一・八パーセント

一千石以上六十七名の比率にして約六パーセントの知行の家臣が総知行高の五〇・七パーセントを占めているのに対し、三百石以下で家臣数の八四・六パーセントの者の総知行高は三三・三パーセント。平均百八十二石の小禄者は「手作り」の生活を含んでいた。

特殊拝領形態は、北上、迫、江合、鳴瀬の河川流域の葛西、大崎地方抑えや湿地・野谷地の新田開発の促進をねらったもの。

また、町場は、城下町の形成を図り経済の流通・交通網の成立を図ったもの。

要害、所を拝領している一門、一家などの家格の門閥層には所替えがなかったので領主的・大名的性格を有し小幕藩体制になっていた。

これが藩内の連帯を欠く一因にもなっていた。

普通拝領形態における給人の支配権は、殆どが年貢徴収権であり、徴収方法はその土地の肝煎に委ねられ、給人の多くは仙台屋敷に居住していたので領民との結び付きは強固なものではなかった。

四　藩政

伊達慶邦は、義兄斉邦の死去に伴い天保一二年（一八四一）九月七日、十三代藩主を襲封した。斉邦は、登米伊達村良の四男で五代吉村の孫であり、十一代斉義が天保一〇年十一月二十七日に三十歳で死去の時、慶寿（のちに慶邦）が二歳であったので斉邦が後見をかね藩主を襲封していたのである。

天保一二年は、凶作・飢饉の影響により、藩財政が慢性的不況に陥っていた。

安政元年（一八五四）奉行職に任じられた芝多民部（柴田郡村田邑主、二千石）のもとで進められていた兵制改革や財政政策によりインフレが増していた。

兵制改革は、嘉永六年（一八五三）六月三日、アメリカのペリー艦隊が浦賀に来航した黒船騒動により、幕府はじめ各藩がにわかに海防策を講じ、洋式兵備を取ることになった。

仙台藩の海岸線が長いので海防のため以前から設けていた五ヶ所の唐船番所において外国船の監視を行っていたが、これを番所の所在地の領主が担当していたので、藩自体は海防政策を取っていなかった。そのため台場を築いていない。

安政三年（一八五六）七月、洋式銃隊の訓練の実施を図ったが、一門の伊達式部（登米郡寺池・要害、二万石）の政宗公以来の軍制を洋式に改革することは許されないという意見があり、洋式銃隊の採用が徹底されなかった。

同年春、講武所を新設、養賢堂を中心にして大銃の製造。安政元年（一八五四）八月、杉山台において藩主が親臨し、大砲、雷火、馬上銃の試射を行った。また、ゲベール銃の製造を始め、坂本大炊の家臣を江川太郎左衛門に入門させ砲術等を学ばせた。

その後、慶応元年（一八六五）十一月に至り、蒸気船一隻購入、慶応三年（一八六七）四月ライフル銃一五〇〇挺、ミニエー銃三七五挺を購入。さらに四月二十五日、ミニエー銃二九〇〇挺を購入した。さらに幕府から軍艦三隻を借り受けた。また松倉良輔が新式銃や大砲を購入したが、発送が遅れ、寒風沢に到着したのが六月二十一日だった。その時、既に戦争が始まっていた。

軍制改革にも着手した。古式和銃から西洋銃への移行が決定されていたが、現場における指揮官までは十分に育成されていなかった。一門の涌谷伊達家が積極的であったものの他の一門では改革が遅れていた。

また、沿海線の防備として軍艦建造が求められていた。松島湾内の寒風沢に造船所を設け、三浦乾也《けんや》に洋式軍艦開成丸を建造させた。

この艦は、長さ三三・三メートル、幅七・三メートル、高さ五・八メートル、二本マスト、砲六門を備えたスマートな船であった。気仙沼まで試運転し、江戸品川まで回漕した。そして数回江戸を往復したものの、江戸まで一か月を要し、速力が不足していた。結局時代遅れとされ、二年後に石巻で解体された。

三浦乾也は、文政四年（一八二一）江戸に生。乾也焼で知られた製陶家である。ペリー来航後、洋式艦船の必要を老中阿部正弘に建言し、安政元年（一八五四）幕府から洋式艦船伝習を命じられた。長崎でオランダ人より造船術を学び、同三年仙台藩に招かれ、翌年、日本最初の洋式船開成丸を建造した。

財政は、升屋との関係を絶って中井・小谷・岩井ら近江出身および仙台城下の富豪商人らから融通を受け、見返りとして領内の米、雑穀の買入販売、領内の新田開発を請け負わせ、この開発地からの余剰米を売り出すこと、また中井に藩内の殖産の振興、藩外での販売等を請け負わせるなど積極政策を取った。

しかし、利潤がさほど生じなかった。つまり藩内における販路が整っていなかったため殖産興業が活況にならなかったのである。また軍備費に費消した。安政三年（一八五六）からの蝦夷地警備費、同年五月九日、徳川斉昭九女孝子との婚姻費用等の支出があり財政が逼迫した。

藩主慶邦は、財政難を打開するため芝多民部常則を天保一一年（一八四〇）六月二十九日、奉行職に任じた。

芝多民部（柴田郡村田邑主二千石）は性機敏で、事を処するに大胆な手腕を持っているとの評があった。芝多は、軍備費等を捻出するため日野屋を蔵元にして藩札を発行した。これを改正札と称したが信用がなかった。また買米制度を改革することもなかった。つまり落ち込んでいる景気を刺激し好景気を図るというインフレ政策を取ったのである。

この政策は、洋式兵備の促進を望む藩主や一部の藩士に歓迎されたものの、財政の原則である「出を制し入りを計る」を無視するものであり、放漫経済に陥った。

藩主慶邦は、芝多の軍備の促進に功労を賞し、「三十貫」を加増した。

一方では、領民の生活難が激化した。

しかし、芝多は、自宅に数寄をこらした茶室を新築する、或いは料亭で田舎大尽ぶりの遊興をしたことの個人生活が批判され、結局、安政五年九月に職を解かれた。

芝多の積極政策の是非に関連し、藩論が開国派と攘夷派に分かれ党派争いが生じた。

なお、芝多は、慶応元年、但木土佐暗殺計画に加担したとし水沢に幽閉され、絶食し、同二年一月、四十五歳で死亡した。

芝多の財政政策は、天明飢饉の頃の出入司安倍清右衛門による米の買占め、銀札発行による不況を招いた前例を教訓にしなかったと考えられる。

第二章　藩主慶邦の苦悩

一　但木土佐の登場

仙台藩の財政が行き詰まっていた。藩主慶邦は、安政五年（一八五八）九月二十九日、但木土佐に奉行職を命じた。

但木土佐は、文政元年（一八一八）五月二十日、仙台で出生した。父直行（弘行）は、涌谷邑主伊達村常の次男。但木家に婿入、家格は宿老吉岡邑主禄高千五百石、天保一一年（一八四〇）家督、宿老。

吉岡は、奥州街道と羽後街道との交通の要所に所在する宿駅。伝馬を負担し、その反対給付として市の開催が認められていた。しかし、負担が重くなり、それとともに町場の衰退をきたしていたので、天明七年（一七八七）、邑主但木下野が、奉行所に鎮守と八幡宮における市の開催日を年に二回、七日間を求める書を提出した。

藩当局は、一年に二度の神事に七日間の祭市を認めた前例がないことを理由に容易に認めなかったが、出入司らが藩内の寺社を調査したところ岩沼の竹駒明神などで神事に七日間の祭市を開催していることが判明したので、町役人のもとで運営することで互市開催願いが許可された。

この願書が藩政の責任者からの提出であることばかりではなく、天明の飢饉で荒廃した町場を再建すること、また商品を促進させ市の拡大を図るものであることから認められたのである。

次に有力町人九人が合力し、八年間に亘り資金として千両を蓄え、これを藩蔵に上納、年八厘の利子の支払いを求め、明和九年から窮民に配布する救済事業を始めた。これが約三十年間続けられたが、藩の方法に変化があったため終了した。

その後、邑主山城弘行が、家老や町役人らに再検討させたところ天保一〇年（一八三九）に二百五十両の調達を得たので藩に出願した。

これに藩主斉邦が、二百五十両を加え五百両として基金にし、さらに藩において五年間でこれを一千両にした。そして六年目の弘化二年から一割の利子が支払われることになり救済事業が再興された。

この救済事業が「国恩記」として記録されている。

但木土佐は、嘉永五年（一八五二）七月十一日に奉行職、翌六年九月に江戸詰、同年六月ペリーが浦賀に渡航。九月三日、江戸詰家老として大槻盤渓を浦賀に出張、調査させた。

安政元年（一八五四）三月に帰国、閏七月病気により退職。同五年（一八五八）九月、芝多民部の奉行解職に伴い、再び奉行職に。江戸詰に就任したものの同六年六月、病気により退職。

その頃、栗原郡川口邑主遠藤文七郎を中心とした尊王攘夷党が、藩内で活動を始めていた。

遠藤は、資性厳粛、権力におもねることなく所信を貫く烈士の風ありと評されており、その上漢籍に通じ国典にも詳しい。これが芝多党に与し、洋式兵備の促進を図る一派になった。

万延元年（一八六〇）四月十六日、藩主慶邦が、但木に三度の執政を懇請したことから固辞できず、首班奉行職に就いた。当時、仙台藩にあって但木を登用したことは正しかったと言いうる。

この動乱時代の仙台藩の舵取りは藩主慶邦と奉行職首座の但木土佐の手に委ねられた。

藩主慶邦が信頼していた但木自身の働きぶりもさることながら、これまでの但木家の領民支配が評価されたのではないか。

また、但木土佐の父直行は、涌谷伊達村常の次男であるが、祖父村倫は、六代藩主宗村の第十子。慶邦の義兄斉邦は、五代藩主吉村の系であるから門閥の中でも遠くない血縁・姻戚関係にもなるので信頼できる関係にあった。

但木は、重厚にして果断、時務に練達、思慮深く長者の風ありと評されていた。大槻盤渓は、但木が大藩の家老にふさわしいことを認め、但木より十五歳ほど年長であったが、腹蔵なく話せる間柄であった。

但木は、まず緊縮財政を展開するとともに殖産興業に努めた。その中で陶器の製造、製塩の改良、柴海苔の栽培方法を取り入れ、製茶の奨励などを行った。

お茶は古くから吉岡付近で生産されていたが、但木土佐が、大年寺山に茶畑を開拓した。ところが一人の藩士から藩祖政宗公が築造した城郭を破壊する行為であるとの抗議があった。

また兵制改革としてゲベール銃を採用し、藩で製造もしたが、先込銃で有効射程距離が一〇〇メートル程度であるので、より射程距離の長いミニエー銃を購入した。その頃、後装式のスナイドル銃が輸入されていたが、仙台藩では軍備費が少なく購入できなかった。

火薬製造係の藩士松倉良輔が、銃隊の整備、兵器は元込銃の採用が必要であると建白したが、実行までに至らなかった。

但木の執政は、財政の立て直しを図り、その後、軍備を図るという現実主義であるとともに開国主義、佐幕派であった。また元治元年頃から玉虫左太夫、若生文十郎らをして京都における情報収集活動に従事させた。

一方、芝多や遠藤文七郎らは、尊王攘夷派で改革を促進することを主張し、但木の執政を因循姑息と非難した。しかし、遠藤らの尊王攘夷思想はどの程度であったか。基本的には但木との差は少なかったとの説がある。

青年武士のなかに芝多の軍備、財政の改革を支持する一派があった。文久三年(一八六三)頃から但木の排斥運動を活発にし、元治元年三月に誹謗する貼紙をした。またそのなかの蟹江太郎介らが、但木の暗殺を企てたが未然に発覚。慶応元年(一八六五)十二月に蟹江らが斬首。また関係したとされて芝多民部が閉塞の処分を受けた。その後絶食して死亡。

二　仙台藩の迷走

文久二年(一八六二)七月、藩主慶邦は、仙台藩の尊王精神を顕わすべく近衛忠煕公の開白就任祝の使節として遠藤文七郎を起用した。

当時の仙台藩は、当然のことながら京都における尊攘の情報が少なかったので、尊攘派の遠藤をして情報を得ようとしたものである。しかし、遠藤を牽制するため副使に氏家晋を起用した。

京都留守居遠藤小三郎が、情報をどの程度報告していたか不明であるが、いずれにしても仙台藩は、他藩と比較して情報をあまり把握していなかったとの評があった。

もっとも財政窮迫の状態であったので、他藩留守居との交際に要する十分な資金がなかったことも事実ではないか。

しかし、仙台藩の場合、江戸留守居と京都留守居の職制が異なっていたという。この点における京都留守居の役職について以下の考察がなされている。

その要約をすると、

「江戸留守居の場合、公儀使とも呼ばれ奉行・若年寄の支配下にあり、公儀との応接・交渉、他藩留守居との交渉・調整に当たる。定詰足軽を支配下における役職である。

京都留守居の場合、出入司（勘定奉行相当）の支配下にあり、会計出納、山林等の管理等に当たる民政……つまり民政・財務を担当する役職であるので公儀使と異なっていた。そして具体的には、近江蒲生郡の伊達領の代官の支配、朝廷儀礼や公家との交際の場に必要な装束の調達・伊達家の京都で買い入れた呉服代の支払い、宮家・公家との折衝、儀礼的な交際を担当する役職であるので情報収集を行う役職ではない。

それでも藩主慶邦は、奉行の支配下に置き情勢探策のための遣い料を給付することにし、遊歴生と連携することを指図している。遊歴生とは、特命を受け諸国探索を行う者をいう。玉虫左太夫もその任にあった。

しかし、京と仙台とは遠隔であり、情報の伝達が困難であった。そのため京の情報を共有できないまま、仙台で決定的な重大な結果をもたらす政治路線を選択することになった」(難波信雄論文、日本歴史二〇〇八年八月号)

近衛忠煕は、父は左大臣近衛基前、母は大納言徳川宗睦《むねちか》の女。文化五年(一八〇八)七月十四日生、同一三年二月二十六日に従五位上、安政の大獄後の安政六年(一八五九)三月二十八日に左大臣を辞して落飾謹慎、文久二年(一八六二)四月三十日、参朝を許され、同六月七日復飾、同月二十三日、関白内覧。

遠藤は、近衛関白に祝辞を述べ攘夷を主張するとともに藩主代理と称して朝廷に忠動を尽くす旨の建白書を提出。この建白書提出は、氏家が知らない、遠藤の単独行為であった。

なぜ遠藤が唐突ともいえるこのような行為に及んだか。一つは煮え切らない藩の態度を変えたいとの思いがあったと考えられる。

しかし、幕府との関係を考えないことは、藩当局にとっては冷や汗ものだった。また併せ考えると遠藤の売名行為、つまりいい振りをしたのではないかと考える。

一方、これより先に仙台藩は、ある程度予測できたので但木をして江戸に急行させ、脇坂安宅《やすおり》（竜野藩主・文久二年五月老中）に対し、遠藤の京都遣使について他意のない旨を弁解させた。

また遠藤が、藩主を単独で上洛させると広言したことに対し、近衛関白から幕府に申し出で周旋するようにと伝達された。

帰藩後、遠藤の藩主の単独上洛との主張と、将軍に随従して上洛する準備をしている旨を主張する但木とで激論になった。自説に沿った結論を得られなかった遠藤は、自分の正義を貫くべく、藩主に願い三好監物を再度の遣使として京に上らせた。三好は、近衛から「早々に上洛するように」との内勅を得て帰国した。

文久三年（一八六三）正月十八日、年賀の式終了後、藩主の前で片倉小十郎、佐々雅楽、遠藤文七郎、但木土佐と上洛の是非について議論された。遠藤の「速やかに上洛すべき」との主張に対し、但木は「朝廷の公家は、浮浪無頼の徒の扇動に乗せられている」などと反論したので結論を得られなかった。

この時の但木の意見は、妥当であったと思う。当時の公家社会は、過激な尊王攘夷派の言動に揺れていた。

この日以降、両派の溝が一層深まり抗争に発展した。

またその後、但木は、遠藤らが私党を結んで国政壟断を図っている旨を弾劾。藩主は、同月二十八日、遠藤らを処罰した。これにより仙台藩の単独上洛がなくなった。一方で朝廷の信頼を失ったといわれたが、こればかりが原因ではないだろう。

仙台藩の上洛を求めたのは、雄藩である仙台藩に、孝明天皇が推進している公武合体を諸大名に周旋することを期待したのではないか。

遠藤の尊王は、倒幕までを意味するのか判然としないが、遠藤が主張する仙台藩の単独上洛は、現実的でない。つまり幕府との関係をどうするか。上洛には江戸を経るのか、或いは海路を伊勢まで、その後、どの方法・経路を取るのか、いずれにしても日数、そして費用が問題である。財政が窮迫している状態では耐えられるのか。また海路を選んだ場合、船の用意ができるのか。この観点からして但木の反対は現実的であるといえる。その結果、尊攘派が退けられ但木のもとで佐幕派が支配することになった。

京都の勤皇の志士らを「浮浪無頼の徒」とだけとらえていたことは、その後の歴史の流れからして妥当ではない。しかし、当時の京都市中での、勤皇を唱える浪士たちのテロ行為、傍若無人の行動に目にあまるものがあった。これらの行動が正義とはいえないものであることも事実である。

また藩主慶邦の指導力、決断が不十分であった。慶邦は、公議政体派であるが、同じ考えの大名らとどの程度交渉していたか伝えられていない。

土佐藩の坂本竜馬らが唱えた公議政体論は、将軍を議長、薩長、公家諸大名、下級武士で構成する議会における公議により政体を決定するという、西洋の議会制度を模したものである。

これを徳川慶喜、山内容堂、松平春嶽ら佐幕派大名が支持し、薩長の倒幕派と対立していた。

藩主慶邦は、将軍家茂の上洛に随従するため文久三年（一八六三）二月三日、出発し江戸に着、同十八日江戸発、三月二日、入京。将軍家茂も上洛し、二条条に入った。この時近衛から将軍より一足先に上洛するように促されていたが、三月三日、近衛に対面し参内の周旋を依頼しただけであった。そして五日、参内したものの携行していた攘夷に関する建白書を提出しなかった。

将軍上洛前の二月二十二日、攘夷派浪士が、足利三代の木像の首を三条大橋の下に曝《さら》首した。また三月十一日、孝明天皇が加茂社に行幸し、攘夷の祈願をしたことなどから攘夷が沸騰していた。

この風潮の中、仙台藩の建白書は消極的な攘夷論であるため、提出できるものでなかった。

仙台藩には、林子平の『海国兵談』や工藤平助の『赤蝦夷風説考』、そして大槻玄沢らによる『環海異聞』など、また養賢堂における蘭学により海外知識が蓄積されていたことなどから、仙台藩の自負から過激或いは感情論に類する攘夷輪に与することができなかった。

しかし一方で、時流に乗れなかったともいえる。このような優柔不断が、公武の周旋を期待されながら不発に終わることになった。

藩主慶邦は、帰国を急ぐ将軍に従い、三月十三日に江戸に戻り、在京十日間で、三月二十三日に帰国した。言い訳か、京都防衛として片倉小十郎以下二百八十二名を残した。

これに対し家中からも、帰国を急がず仙台藩の主張を尽くすべきではなかったかと批判があった。この頃の仙台藩は、朝廷の求めに応じて上洛、また幕府の参府命令に対し短期間で帰国、或いは名代の参府らとお茶を濁す程度に終始していた。

帰国理由は、自国の海岸防衛や蝦夷地警備、藩主慶邦の「脚気」のため、さらに養嗣子問題というものであるが、真因は、財政窮迫していて長期滞在の費用をまかなえなかったことにある。

また養嗣子問題も重要であった。特に江戸時代中期から、各藩は世継ぎに悩んでいた。これは当時の食生活や運動不足によると思われ、大名ばかりか上級武士家の子女が虚弱であった。そのため頑健な子の出生が少ない上、夭逝の例が多かった。親戚縁戚から養子を望んでも、それが得られるか問題である。世継ぎを得られない場合、藩の存続にかかる問題になる。

慶邦の正室には子がなく、側室の子も相次いで夭折していた。

この後、藩主慶邦は、元治元年（一八六四）二月九日、江戸に出た。この時将軍家茂が、横浜鎖港問題で上洛中であり、幕府内部に緊張感がなかったこともあり、慶邦には目立った動きがなかった。一方で官位昇進の話が持ち出されたが、これを固辞し、五月二十八日、またもや藩財政に余裕がないことから匆々に帰国の途に就いた。

仙台藩は、終始、因循姑息であった。藩主慶邦自身果断な行動を取れないことに苛立ちがあったろう。

しかし、仙台藩には伊達騒動といわれる寛文一一年（一六七一）三月の寛文事件に対する、幕府への義理立てがあった。また、財政困難により幕府からたびたび借金していたことや、断ち切れない縁故関係などから、佐幕から離脱できなかった。これは一門を始め門閥衆の保守的空気が大勢を占めていたことによると考える。

三　激流

元治二年四月七日、慶応と改元。その頃幕府は、英、米、仏、蘭四カ国と長州との戦争による償金問題を抱えていた。また長州が反幕の態度を示すようになっていた。

そのため幕府は、長州再征を決した。仙台藩は、江戸の留守警護を命じられ、藩主慶邦が慶応元年（一八六五）、五月十五日に出府した。まもなく領内に農民騒動が発生したことを理由に九月十二日、帰国の途に。替わって坂英力（一族・黄海五百石）を奉行に任じ、嗣子茂村に同行、出府させた。この頃の仙台藩の行動は、江戸在府にしても財政困難を理由にすぐ帰国するなど、朝廷側に就くのか幕府を支えるのか判然としなかった。

これが士道に悖《もと》るとの批判があった。当時、どの藩も苦しかった。会津藩の場合も同様に苦しかったが、歯を食いしばって徳川家に殉じた。それがその後人々に会津士魂と同情、賞賛された。

仙台藩人士は、藩祖政宗以来の奥州探題、或いは奥州王をひそかに自任していた。また藩主慶邦は、公議政体論者だった。勤王、佐幕のいずれにも与しないなら奥羽同盟の構想のもと奥羽諸藩の動向を取りまとめる気構えを示すべきであった。明治元年（一八六八）五月三日に奥羽越列藩同盟が成立しているが、これは遅すぎた。

藩主慶邦について、評価できることが何もなかったとの評がある。一方で当時の大名のよくある「そうせい」ということがなく自分の意見を述べる人物ともいわれている。何もしなかったとのことを藩主一人に責任を負わせることはできない。

慶邦は、義兄斉邦が夭折（二十五歳）したことから天保一二年（一八四一）九月七日、十七歳で藩主を継いだ。当時、凶荒で余裕のない状態であった。さらに君側に優れた人物もいなかったので経綸を培う暇がなかった。そのため老臣任せになっていた。

その一つは、代替わりを家臣領民へ披露した際、天保七年の大凶荒直後で四民がまだ露命をつないでいる状態にあり、藩財政も破産の危機をはらんでいる中で莫大な費用をかけることにひんしゅくし慨嘆する。そして上層部に優れた人物がいないとの非難があった。

また慶邦は、正室の近衛忠熙の養女・鷹司政熙の二十四女綱姫が、嘉永五年(一八五二)一月二十一日に没。次いで徳川斉昭九女八代姫と婚姻、明治二年(一八六九)十一月十七日、綱姫との間に子がなく、側室との間の子も早世しているので養嗣子問題があった。

藩主慶邦について不運な運命の星のもとに生まれたとの同情もある。

長州再征の際における仙台藩一門の意見は、幕府との距離を取るというものだった。これがその後の藩是になった。

帰国した藩主慶邦は、杉山台における洋式調練に臨んだ。また伊達宗賢の提唱をもとに海岸防備を実施し、砲台の構築、軍艦二隻の購入、ゲベール銃を購入などと軍備拡張を図った。

七月二十日、将軍家茂が大坂城で薨去。徳川慶喜が徳川宗家を継承し、長州再征を停止した。

九月八日、朝廷は、国持大名の意見を求めるべく上京を命じた。仙台藩では議論があったものの、藩主慶邦が因循しているので重臣は結論を出せなかった。結局、但木が名代として上洛することになり、江戸留守居役大童信太夫と一小隊を伴い上洛、十二月一日、京都に到着し中長者町の仙台屋敷に入った。


その頃、京都は騒然としていた。徳川慶喜が、大政奉還したその後の政治体制をめぐり公議政体派と天皇親政を目指す薩長土との間で駆け引きが繰り広げられた。

群集の「ええじゃないか」が横行。

十二月九日の王政復古の宣言。

徳川慶喜の勢力を削ぐための辞官・納地を命ずる動き。

薩摩・長州に倒幕の密勅。

徳川慶喜は、幕臣の暴発をおそれ大坂城へ。

藩主島津忠義の三千の率兵が上京。

十二月二十五日、孝明天皇の崩御。

加えて公議政体に基づいて構成される大君制絶対主義の方向にあったところ、雄藩連合からなる賢候会議構想に、突然、十二月九日の小会議における王政復古の大号令が発せられた。

これはクーデターであり、また武力倒幕への流れになった。

大政奉還後の慶喜の処遇について、加賀、久留米それに秋田、南部、米沢、津軽などの十七藩の留守居が議をもって決すべきとする建白書を提出。これに但木も連署した。

但木は、在京の奥羽各藩の留守居と情報の交換に努めたが、その中で薩長の横暴に不快の念を深めた。

但木は、再三、藩主慶邦に上洛を求めた。しかし、仙台藩内の中下士の中に上京し勤皇の実効に努めるべきとの意見があったが、薩長の動きを専横としながらも事態を静観すべしとする重臣の自重論が大勢を占めていたので藩主慶邦は決断できなかった。

仙台は京都からは僻地のため情報が伝わり難く、特に当時の激しく変転する情勢に即応できなかった。

そのためもあって仙台藩に具眼の士がいないと評された。

この原因は、情報が少ないこと、また藩の組織からして自分のみを考え他の事情に案外無関心である気質が影響していたのではないか。

但木には、京において身をもって見聞し、どう対処すべきか焦りもあったろう。それとともに、薩長の専横に対し憎悪に近い感情を抱くようになっていたのではないか。この時の感情がその後の薩長に対する、さらに世良への対処に影響したと考える。

ところが、西郷隆盛による江戸市中の攪乱工作にたまりかねた、江戸の治安を担当していた庄内藩らによる江戸薩摩邸襲撃事件が発生した。

これに、討薩表を掲げ会津桑名の二藩を先鋒とする幕軍一万三千名の兵が大坂を進発し、慶応四年（一八六八）一月三日、鳥羽・伏見街道を京都へ向かった。薩摩、長州が、これを阻止すべく土佐・芸州と合わせ三千名の兵をもって鳥羽・伏見街道を固めた。そこで両軍衝突、鳥羽伏見戦争となった。

翌四日、錦旗が翻って薩長側が官軍となった。これにより在京諸藩も続々と官軍に加わり幕府軍が敗走した。

六日、徳川慶喜は大坂城を脱し、海路江戸に向かった。

幕府側の敗因は、銃器の威力の差にあるといわれている。薩長軍のライフル銃に対し、幕府軍先鋒の会津、桑名軍は旧式の先込銃であること。次に薩摩軍の大砲に威力があったこと。さらに兵の戦いにおける熟練度の違いがあることなどがあげられている。

長州藩は、幕府との長州戦争や外国艦隊との戦い、薩摩藩は、禁門の変や薩英戦争で実戦の経験があった。

幕府軍の伝習隊は、近代装備を備え、フランス式訓練を受けていたが、実戦の経験がなかった。

さらに将軍慶喜自身が、自己矛盾を抱えていた。学んだ水戸学が尊王を唱導していたのである。

そのため錦旗即ち朝廷を攻撃することは逆臣である、承久の変の再現になることを避けたいと考えていた。将軍慶喜が大坂城に入ったことを逃亡ととらえ、卑怯とすることは酷評ではないか。

慶喜は、自分個人に対する評価より尊王の大義を選んだ。一方では大坂城に踏みとどまり信念を表明・恭順を示すことができたのではなかったか。

しかし、幕府内に、また慶喜の側近に有能な家臣が存在しなかった。慶喜に意見を具申できる士がいなかったことが影響していた。

但木は、戦いが開始されるや、京都詰側役大内主水を仙台に急使として派遣した。大内は十二日、仙台に到着したが、勝敗までは伝えられなかった。

一月七日、徳川慶喜追討令が出された。

一方、正月三日、仙台を発った坂本大炊と一条十郎が、十一日に着京し、但木に藩内情勢を報告した。

藩内情勢は自重論で占め、幕府と存亡をともにすることを避けるべきであるという。また奥州探題の自意識から大藩として自若の態度を取るべきであるという。

一月十五日、仙台藩に倒幕令が、それとともに東征総督有栖川宮、参謀西郷隆盛が任命され、続いて奥羽鎮撫総督三位澤為量、副総督少将醍醐忠敬が任命された。さらに十七日、会津征討の命令が下された。それが仙台藩一手をもって襲撃せよというものである。

「仙台藩一手」の由来については、大童信太夫が、議定所の二、三人と酒席をともにした際、「会津討伐を出せられればみごとにやってみせる」と大言壮語したことにあるという説。或いは米沢藩が「会津一手追討」を出願していたことが、仙台藩にすり替わったとの説がある。

しかし、これまで日和見の態度を取る仙台藩に対する意地悪、或いは佐幕か朝廷派かの試金石としての命令であるともいえる。この意地悪さは公家衆の特技なのかもしれない。

当時、諸藩では朝廷側に就くか佐幕側か内紛が展開されていた。いずれにしても容易に決断できるものではなかった。

小姓頭遊佐伝三郎が討幕・討会の二書を携行して京を出発した。

四　仙台藩の対応

遊佐が仙台に到着するや直ちに評定が開かれた。

門閥、重臣などが各自の意見を述べるとこれに反論があり、「蜂の巣を突いた様な混乱状態になった。藩あげての疑惑、人心動揺、一報至る毎に去就に迷う」と記録されている。

そのなかで一家片倉小十郎が「即刻、上京し、御所の警護をすべし」、また宿老後藤孫兵衛とともに「鳥羽伏見の戦いは薩長の暴行といえ、朝命を頂くものであり捨てがたい情勢である。直ちに一門の一名を上京させ諸藩に周旋にしたことの真意を釈明すべきである」との献策。また遠藤文七郎は、「王政復古の大業に翼賛すべきである」とし「①徳川氏の罪を挙げ会津の逆を鳴らし、朝廷に請い、我が藩力をもって討伐すべし、②鎮守府を仙台に置き、皇族を奉じて関東東北の覇府とすべし、③江戸城に皇居を造立し、帝をとどめる所とすべし」と献策した。

この他に「勅命と称し、徳川氏に朝敵の汚名を着せ、自分たちの奸計を達せんとすることは許されない。執政部が優柔不断であると非難するとともに上下の差別をある程度までなくし、適材適所に登用し、綱紀刷新の実を挙げること、加えて京都守兵を急速派遣すべし」などの意見があった。

しかし、藩内の中士階級の意見は採用されなかった。

ただし遠藤の前記意見は、「江戸に皇居を造立せよ」との説は、その後の遷都の実現、鎮守府を仙台にとの主張もその後奥羽鎮撫府が駐在したことに符合するので先見の明といえる。

仙台を関東東北の府とすることは仙台人士の大国意識を表現するものである。しかし奥羽各藩が容易に受け入れるかの問題もある。

このように仙台藩内に時代の趨勢に沿う意見が存在したものの、藩論の多数を占めることに至らなかったばかりか、むしろそれに反する方向に向かっていた。

そこには、まず長州藩に対する不信感である。蛤御門の変では朝敵、長州戦争の原因を起こしているのに藩主恭順……責任者処分で終わったこと。また強硬な攘夷を唱え下関戦争を経たのに、その後、外国と交易したこと。次に薩摩藩に対しては、蛤御門の変で長州と戦いながら長州と同盟したこと。江戸で騒動を起こし鳥羽伏見の戦いに発展させたこと。その上、薩摩は庄内に、長州は会津に私怨があったとし、会津・庄内を征伐するに正当な理由がないという。

その上、鳥羽伏見の戦いでは、先に発砲したのは薩長側である。朝廷側を味方に就けたのは公家の奸臣を説得したものである。

これにより正義は幕府側にあり、会津、庄内を朝敵とすることは正義に反する、かつ公平でない。そのため薩長軍を官軍と認めることはできないということで、西軍と呼ぶことになった。

二月三日、坂英力が江戸から帰国し、将軍慶喜が、藩主慶邦に対し征討軍に恭順の意を伝えたいので、その周旋を仙台藩に依頼したいとの意向があると具申した。

しかし、藩主慶邦は、「微力であるのでその任ではない」と断ったと伝えられている。

二月七日、三好監物清房（黄海五百石邑主）が率兵して京に到着した。

一月十四日、紀州藩の船を雇い仙台を出発。伊豆下田港に入港した際に、鳥羽伏見の戦いを知り、大坂に入れないとのことから、一旦江戸に戻り、石炭を補給し鳥羽に入り、そこから陸路を経由、京に入った。その時、鎮撫使の出発が迫っていたので警護として兵百名を添えた。

三好監物が、慶応三年に参政。京では鎮撫参謀黒田、品川と面会し会津征伐を話し合った。これにより自身が鎮撫に取り入られたと思い込んだ。

仙台藩は、参与役所に会津征伐のため錦旗の下付を願い出たところ、「手元にないから藩で新調せよ」と断られた。坂本大炊は納得せず「献金するから是非朝廷から下賜されたい」と願い出るとともに、一条十郎が付き合いのある長州の木戸準一郎（孝允）に坂本大炊とともに面会、懇願し本物が下賜された。

この「手元にない」は公家のよくやる意地悪の手法である。

二月十六日、但木土佐は、一条十郎とともに帰国の途に。次の日、坂本が錦旗を奉じて京を出発した。

藩内は混乱していた。一門の多くの意見は、王政復古を始めたばかりで人心が不安定のなかで兵乱に及ぶことは妥当でない。鳥羽伏見の戦いにおいて、薩長が先に発砲していることから徳川の譴責は諸藩の議論を待って行うべきであるという。

これら意見に基づいた建白書を朝廷に提出することにし、奉行大条孫三郎（一家、亘理坂元邑主四千石）を使節とし派遣した。

大条は、二月十一日、仙台を発し海路で上京した。二十六日に着京、その時、大総督官が進発。奥羽鎮撫使も出発する予定になっていた。三好や京藩邸重役そして宇和島藩主も時機を失しているとの意見から、このたびも建白書の提出に至らなかった。

これまで仙台藩の建白書の提出はたびたび時機に遅れていた。

その原因は何か。仙台は、京からの遠隔地といえ、そればかりではなく藩執行部一門、そして藩士に緊迫感が足りなかった。軽々しく行動しないという大国意識が存在したのではないか。

大条と入れ違いに但木土佐が帰国。大条は、宇和島藩主伊達宗城の五男宗教を仙台藩主慶邦の養嗣子として迎えるべく同道、帰国した。

仙台藩は、やっと討会の準備に入り、軍事局を設け但木土佐、坂英力が担当になった。

一方、若生文十郎らの会津との戦いを是とせず降伏を勧めるべきと説く動きがあった。

藩主慶邦はこれを受け、正使玉虫左太夫と副使若生文十郎を米沢、会津に派遣した。米沢は同意したが、会津藩主松平容保は、厚意に感謝するものの薩長に降伏する屈辱は受けられないと断った。

玉虫と若生は、会津に同情し、帰藩後、討会は薩長の野心に従うものと説き、非戦論に傾いた。これを遠藤主税、安田竹之輔ら中士が支持した。

但木土佐、三好監物、真田喜平太らは討会決行論を取った。

一方、遠藤文七郎は、速やかに対会を決行すべし、先の京における建白書は時流に沿わないものであったと但木を批判した。仙台藩はまたもや藩論が分かれたが、遠藤の主張は、この時なぜか多数意見にならなかった。

仙台藩士は時流の知識が少なかった。加えて遠藤に人望がなかったのではないかと考えられる。一方、藩士は生活に窮していた。お家代々の甲冑、大小を入質しているので、にわかに戦の仕度ができないのである。理屈はともかく本音は戦争をしたくないのである。

三月二日、奥羽鎮撫使が出発した。下参謀が薩摩藩士大山格之助、長州藩士世良修蔵に替わっていた。

同十九日、一行五百名余が、東名浜に上陸。翌日、松島を游覧し、観瀾亭に一泊した。

観瀾亭は、波を観るとの意。伊達政宗が、豊臣秀吉から桃山城の茶室を拝領したものと伝えられ、江戸藩邸にあったものを、二代忠宗が一木一草をあまさず松島に移築した。以降、月見の宴や藩主の家族、また幕府の使者らの迎賓館として使用する施設である。

藩主慶邦が、その日に出迎え、九条総督に拝謁。総督から「早々に会津に討ち入ること」との命があった。次いで一行は二十三日、仙台に入り養賢堂を宿泊所とした。総督府の五百あまりの将兵は、本屋を総督以下、役員宅、手習所二棟、撃剣道場等を将兵の宿舎に充てた。

養賢堂は、仙台藩士の学問の府である。これを将兵の宿舎に充てられたことは土足で踏み込まれた思いであったろう。さらにお互いの言葉の理解が困難であったろう。たとえば鹿児島弁での呼びかけが「おい、こら」と直截的であるが、仙台弁では「もし、あんだ」と丁寧である。特に女性の挨拶は、接頭語に「まんず、まんず」が何回か繰り返し、「どこからござったのしゃ」とつなぐものである。

つまり、まずお互いにカルチャーショックがあったろう。

但木土佐、坂英力が出頭すると世良が尊大な態度で「会への出兵が緩慢である。朝廷の命令を侮っているのか」等と出兵の催促があり、さらに二十四日、藩主慶邦は、再び九条総督と面接した際も世良、大山から侮蔑の言があり、強く実行を迫られた。

世良、大山は下級武士出身であり、本来なら一国の藩主と対談できる身分ではない。奥羽鎮撫府の地位であるため高飛車な態度に出られたのである。

それにしても世良、大山の言動は、無礼・野卑、士道に悖るものであった。

このため仙台藩内に、これが朝廷の臣か、偽官軍ではないか、この者らに指図されることは本意ではないとの意見が広まった。

これが悲劇の始まる一因になった。

三月二十六日、総督府一行のため榴ヶ岡の梅林亭において花見の宴がもたれた。そこで世良らは、酔態を演じた。

榴ヶ岡には、四代藩主綱村が京都から取り寄せた枝垂れ桜千本余が植樹されており、天満宮、釈迦堂も建立されている仙台市民の遊覧と信仰の場である。

約四十メートルの微高地で東側に広大な宮城野原が展開されている。藩祖政宗が築城の候補地にしたと伝えられている。

仙台では、市中では飲酒しない習いがあり、遊女屋を置かないことにもなっていた。仙台藩士ばかりか、市民の多くの人士は、宴がたけなわとなり、唄の一つも出る頃になると、いの一番に「さんさしぐれ」を歌うことがしきたりである。そのあとなら他の歌、つまり雑歌でもよいというそれなりのルールがあった。

多分、風景を愛でることも少なく、いきなり酒宴、そして酔態を演じたのではないか。総督府一行の酔態がどんな状態であったか不明であるが、傍若無人、つまりふんどしひとつの裸踊りでもあったのではないか。

ある書によると西郷隆盛の若い頃に水戸藩士とともに飲酒した際、ふんどしひとつの裸踊りを演じたとあるので、そのような行為をあながち否定できないのである。酔態を見た仙台藩士は、やはり何が朝廷・総督府かと反感を抱いた。特に正義感の強い玉虫左太夫、若生文十郎らの怒りが大きかった。

また総督府の兵は、官軍気取りで軍装、異様ないでたちのまま市内を闊歩し、驚いたことには鶏の毛を毟《むし》り生で食う、養賢堂の池の鯉を鉄砲で撃って捕る、そればかりか良家の婦女を陵辱するなど目にあまる振る舞いがあった。

さらに玉虫、若生が大山と世良に呼び出され、先に会津に恭順を勧めたことについて罵倒された。これは君命によるものであるから世良らに非難されるべきものではない。非難されるのは世良らの思い上がった行為である。玉虫らが、一層反薩長の思いを募らせたのは当然のことである。

三月二十六日、総督府は仙台藩に対し、四月七日までに会津討ち入りと期限を定め命じた。

藩は、家中に対し、（一）覚悟して当たれ（二）役金は免除（三）拝借金、上納金等の返済すべきものは年末まで猶予、武器類の質或いは担保として差入れしてあるものは金子返済を始末し、持主に早速戻すことなどを指示した。

武士は、武器類の質入は禁止されていた。しかし、太平の世が続くとともに幕末には生活が窮乏していたので、止むを得ず質入せざるを得なかったが、利子の支払いだけは続けなければならなかった。

それにより生活が益々困窮した。藩役人であっても障子が破れ、ぼろぼろの自宅を役宅として寄合いを持ったほどである。

五　庄内との関係

二月五日、会津、庄内が追討の対象になった。しかし、その理由が明らかでないので、庄内藩を主力とした鯖江、上の山藩による三田薩摩藩邸焼討事件に対する私怨としか考えられなかった。

庄内藩では、何らかの処罰はあるだろうと危惧していた。三月二日、藩主酒井忠篤が江戸からの帰国の際、仙台に立寄り藩主慶邦と面談し、奥羽に何かが生じた場合、仙台藩と行動をともにすることを話し合った、また但木土佐らとも話し合った。

ところが二月九日、庄内藩が、幕府より幕領寒河江・柴橋の七万四千石余の年貢の徴収を委任された。世良、大山は、天童藩を通じてこの事実を知り、鳥羽伏見の戦後、新政府が幕領を直轄地にする旨を布告していたとし、四月二十七日、改めて幕府領の没収を宣言した。庄内藩が保管していた二万三千石を藩内に移送したことに対し、総督府側は強奪されたとし、三月三十一日、天童藩と仙台藩に対し庄内藩討伐命令を発した。

これは大義名分のないもので庄内藩に対する難癖にひとしいものである。

総督府は、天童藩を先導として四月二日、薩長筑の各一小隊、仙台一小隊を天童まで出兵させたが、仙台藩の説得により庄内藩兵が領内に撤退したので衝突が免れた。兵は一旦仙台に引き揚げたが、総督府は、四月三日、山形藩と上の山藩に、続いて四月六日、秋田藩と津軽藩にも庄内討伐を命じた。

六　会津との関係

三月二十七日、仙台藩は、会津討伐のため伊達筑前（登米二万石）を先鋒とし、次いで二十九日に伊達安房（邦成、亘理二万四千石余）、四月二日に伊達弾正（邦直、岩出山一万四千六百石余）、四日に瀬上主膳（鹿又二千石）と大松沢掃部之輔（黒川郡大松沢六百十五石）が出陣した。

総督府の世良らが仙台藩に討会の出兵を促したが、その命令には、直ちに従えるものではなかった。

仙台藩内の意見は、

会津藩と戦う理由は存在しない。しかも会津に非はない。

出兵には多くの戦費を要する。

戦争は奥羽各藩を疲弊させることになる。

戦争を避ける方策はないか。

などと模索していた。

世良らの命令は性急である。権威を振りかざしすぎていた。また世良自身の功名心もからんでいた。背後には、西郷隆盛らの武力禁圧政策があった。武力を誇示しなければ奥羽諸藩を鎮撫させられないという考えである。

但木は、出兵は総督府への体裁を取るだけにして、出兵の督促をかわしたい、会津とは国境で話し合い、恭順を取り付けることを目論んでいた。

一方、但木は、会津に降伏を勧める使者として若生文十郎、横田官平を派遣した。一行は米沢に入り、藩主上杉斎憲に挨拶、さらに重臣らと協議し、ともに説得することになり、木滑要人、藩校興譲館学頭片山仁一郎が同道することになった。

会津では、家老西郷頼母、梶原平馬、田中土佐、一瀬要人らと会談した。会津藩内は、恭順、抗戦かで激論になっていた。なかでも佐川官兵衛ら強硬派は、恭順に同意しなかった。

さらに説得するため三月二十六日、若松において仙台藩玉虫左太夫、若生文十郎と米沢藩木滑要人、片山仁一郎そして会津藩小野権之丞、手代木直衛門が会談した。藩主松平容保から仙台藩の好意を感謝する言葉があった。

その後、米沢藩木滑要人らを介し、会津から恭順の周旋を依頼された。この会談を白石城で行うわけにもいかないので、四月一日、七ヶ宿街道の関宿において降伏に関する条件を詰めることになった。

七ヶ宿街道は、羽州街道（現国道十三号他）と奥州街道（現国道四号）を結ぶ街道。仙台領内に七宿（上戸沢、下戸沢、渡瀬、関、滑津、峠田、湯原）が置かれたことに由来する。秋田、庄内藩など十三大名が参勤交代に通行している街道である。

会津からは、家老梶原平馬、伊東左太夫、山田貞助らが出席。玉虫らが世良に報告した際、世良が、「謀主の首を斬れ、開城せよ、世子を若狭に監置せよ」と主張した。その条件は、会津にとって屈辱であり承服できるものではなかった。そのため世良を説得できる条件を検討した。

この条件は、領地の割譲、開城、開城できない場合藩主は城外にて閉居・謹慎、鳥羽伏見の戦いの責任者三人の切腹というものであった。

仙台藩では、但木土佐、坂英力、真田喜平太、米沢藩家老竹俣美作、大瀧新蔵らが立ち会った。四月十一日、仙台藩は、会津征討として藩主慶邦が七千人の軍兵を率いて出陣。翌十二日、九条総督以下が出発。仙台藩勢は十三日、白石城に入り本陣とした。

仙台・米沢の会津への働きかけにより会津藩が嘆願書を提出することになった。

これとともに休戦の合意も整えられ、同時に白石において奥羽各藩の家老が評議し連帯を図ることになった。

四月十一日、仙台・米沢藩連署の会津藩寛典の申請書と会津西郷頼母らの老君容保が城外にて謹慎しているため、宥恕との嘆願書、奥羽十六藩の家老らの会津藩への寛大な処置、同時に農事が急務であることも考慮をという各嘆願書を作成し、翌十二日、岩沼の総督府に仙台藩主伊達慶邦、米沢藩主上杉斉憲が提出した。

但木土佐らによるこの米沢藩、会津藩との三者会談は、その後の奥羽越列藩同盟に発展した。但木のこの方策は、評価されるべきであろう。

一方、会津藩と米沢藩とはひそかに同盟を成約していた。これに仙台藩が加われば奥羽の諸藩も加わることになると予測していたといわれている。

九条総督は、一応、嘆願書と申請書を受け取ったものの「副総督、軍事参謀と協議する。追って沙汰する」と即答を避け、自身に何ら権限のないことを表明した。

翌十四日、九条から桑折の醍醐宛の書は「奥羽各藩の向背計りがたい。争乱になれば鎮撫が国難になる」との意見であった。

その後このことを知った世良は、「会津は朝敵である。ともに天地に入るべからざる罪人に付き嘆願は聞き届けがたい」と早々に進撃し戦功を上げるよう指示すべきであると主張した。

仙台・米沢両藩名にて奥羽各藩に回章し、閏四月二十三日、白石城において、二十五藩の重臣が会同する運びになった。そこで仙台藩が盟主に推された。

このなかにあって会津藩は、藩主容保が既に謹慎している。これ以上の責任を問うことは納得できない。また朝廷は、これまで大御心をもって寛大な処置を取っていたのではないか。奥羽における総督府の処置は過酷である。これは朝廷の意思ではない。世良らの方策ではないか、奸悪である。偽官軍ではないか。総督府が仙台藩・米沢藩の陳情を受け付けない場合、朝廷に直接陳情する他はないとの考えに至っていた。

但木はじめ仙台藩では、総督府参謀世良、大山らによって奥羽が戦乱になる、戦乱を避けるには、朝廷の奸臣である世良を謀殺し、奸賊である薩摩・長州を打ち払い奥羽諸藩による王政復古を成し遂げなければならないとの意見が高まっていた。

七　世良殺害

白河城における督戦のため本宮にいた世良に三通の書簡が届けられたところ、「沙汰に及ばない。早々に討ち入るべきである」と厳命した。

これにより仙台藩ばかりか奥羽諸藩にも世良を殺害すべしとの意見が急に広まった。閏四月十一日、福島の伊達、信夫において、軍糧運搬に馬を使用されるため養蚕で使用する馬がいなくなったとし、農民数百名が福島城下に押し寄せる一揆が発生した。

この地方は、当時、国内きっての良質の繭の産地である。京都の西陣とも取引があった。この前年にも「世直し」を掲げた一揆が発生している。そしてこの度は、戦争反対も含めているとのことである。

なおこの一揆は、総督府の白河城入城を阻止すべく仙台藩が裏で工作したものであるという説がある。

また世良を斬って国難を救おうと脱走する兵が相次いでいた。

仙台藩佐藤宮内（伊具郡小斎邑主、一千石）が、国境地理探索の途中、聖至堂口長

沼で会津藩隊長木村熊之進と会った。その際、同人から「いずれにしても世良修蔵を討ち取りさえすれば何もなくなる」旨を言われた。

その後、佐藤は、白石において仙台参謀総督府付大越文五郎と会い、「世良を会津に討たせてはどうか。我が藩の責任が逃れる」と相談し、二人で但木土佐と会い、報告したところ、但木は、世良討ち取り計画を「よきに処置すべし」と言い、その処置を一任した。

会津藩寛典の嘆願が一蹴されたことは、仙台藩にとって、特に但木にとっても面目ない結果になった。会津との戦争を避けるべく会津を説得し、さらに奥羽各藩の賛同を得て和平の方向を見出したにもかかわらず、総督府といえその下僚の参謀によって一蹴されたので、但木にとって煮え返る思いであったろう。

そこに世良の暗殺計画である。この実行の決意が強くなったのは当然の成り行きである。

一方、世良一人を殺害したとしても朝廷の方針が直ちに変更されることはないと考えられるが、その時、北関東における西軍は苦戦を続けていた。閏四月十六日からの小山戦争、閏四月十九日からの宇都宮攻防戦で西軍が苦戦していた。この情報は仙台藩にも伝わっていた。

したがって奥羽諸藩が反西軍の態度を固くすれば鎮撫が困難になる。そうなれば何らかの条件が示されるのではないかと一縷の望みがあった。

世良殺害について仙台藩内に「殺害やむを得ない」旨の空気のあったことは推察できる。

そのなかで佐藤宮内らが、但木土佐に世良殺害計画を具申した際「よきに処置すべし」と云ったとのことも認めることができる。佐藤宮内らの意見は空気に左右されたものか、藩内の多数意見に沿うものであったかは判然としない。

そして瀬上主膳に属する軍監小島勇記が、急用のため白石本陣に呼ばれ赴いた際、但木から「来る二十日夜、会津藩が白河城を攻撃するので同所に繰り込んでいる世良に属する会津兵に紛れ込み世良をはじめ残らず討て。万一、世良に漏れた場合、山中へなりとも引き入れ殺害するように」と申し含めたとの説は疑問である。

世良の殺害後、但木土佐へ今村鷲之介、真田喜平太を経て首級を届けたところ、意外にも土佐は、「なぜ持参した。罪人の首ではないか。川に投げ捨てるべし」と言い放った。

これに対して、大越は、「報告書にもあるとおり世良は無名の士ではない。たとえ無名或いは敵の首級にせよ埋葬すべきではないか、投げ捨てる条理はない」と反論し、その結果、真田と協議し白石傑山寺の末寺月心寺に埋葬した。

この時、但木土佐は不機嫌であり、喜ばなかったと伝えられている。

これは当時の経緯を踏まえ、但木の心理を推測したものではないか。世良に対する恨みから殺害を止むを得ないと考えていたとしても、これはあくまでも暗殺。それも仙台藩が責任を免れる方法を取ることであった。そのため混雑に紛れて殺害し、或いは犯人を会津藩と思わせる方法を取りたかったと思われる。

したがって、殺害を容認したとしても殺害方法まで下命したとは考えられない。

この件における但木の計画は杜撰であった。世良と接触すると考えられる瀬上らともっと綿密な手段・方法を検討すべきであった。これがなかったので実行犯である瀬上らとの共謀共同正犯は成立しないものと考える。しかし、世良殺害を抑止しなかった監督責任は問われるべきである。

ところが、堂々としかも弁解の余地なく仙台藩士の手によって殺害が実行された。実行した瀬上らの行為は突出したものであったが、上司の意に沿う行動である。自らは、賞賛されるべきものと自負しており、藩主慶邦から賞詞を受けているので、この実行犯を厳しく責めることはできないと考える。

また世良を捕縛か殺害するか検討すべきであった。

殺害には及ばず幽閉し人質とすることが考えられた。これは薩摩藩邸焼討事件において勝海舟が、首謀者益満休之助を捕らえたのちに、人質にして交渉している。

これらから世良殺害は、但木の失敗の一つに挙げうる。


世良殺害は、偶然の機会から実行された。

会津と休戦となり、国境の湯口荒井鳥渡の陣から、瀬上主膳は配下の姉歯武之進、岩崎秀三郎らと福島の仙台軍事局に到着した。参政泉田志摩が不在のため目明しの浅草宇一郎宅で休息した。その時姉歯が、世良が金沢屋に来ているとの情報を瀬上に報告した。

世良は、先の嘆願書をにべもなく却下したものの軌道修正すべきかと反省を抱くようになっていたともいわれている。

瀬上らは、世良を襲うには人手不足であるので福島藩とも相談し助勢を得ようとのことになった。世良襲撃の噂を知った総督府付き大越大五郎が、瀬上のもとにやってきて、「私が世良に付き添っていながら暗殺させることはできない。世良は会津の嘆願書を受け取ると言っている。白石の本陣に行き、急ぎ執政らの意見を聞いてくる。世良召し捕りは、私が戻るまで猶予してくれ」と言った。

そこに来た投機隊長田敬助も同意見であったので瀬上も召し捕りを見合わせることにした。

しかし、手配を厳重にすることになり、その後、姉歯武之進が軍事局に出かけ世良の情報を持って夕方遅く帰ってきた。

世良は、ひそかに福島藩の鈴木六太郎を呼び出し「山形に出張中の大山格之助への書簡を仙台藩に漏れないよう届けたい、飛脚を選んでくれ」と依頼したが、福島藩は、「仙台藩に漏れないようにとのことは不審である。瀬上へ差し出すかどうか鈴木六太郎と相談している」という。

瀬上は、「福島藩に依頼し、接待はよろしく続けていてほしい。謀が世良に漏れないように取り図ること」などと打ち合わせをした。

閏四月十九日午後八時頃、世良の密書を福島藩より受け取ったとし、姉歯武之進に差し出した。

密書は、大山宛のものである。その内容は、

「仙台藩・米沢藩からの嘆願書には容保が謹慎している。また開城もするとあるが過激派や反乱軍が反乱し、官軍に対しどのような不法行為に及ぶか計りがたいこと、会津を討てば人民も難渋し、蜂起するおそれもあり、各藩も疲弊しているなどとの理由から総督も一旦嘆願書を差し戻したというが、事情を検討しなければならない。総督府に兵なく押し返すことができないばかりか、宇都宮を脱走した兵が所々で蜂起している。大いに入り込んでいる。総督が嘆願書を受領してしまえばこれを突き返すこともできないので、京都に行って奥羽の状態を申し入れ、奥羽を皆敵と見て攻撃の基本としたい。また江戸へ行って西郷大総督に一々相談したい。さらに大坂へも罷り越し大挙して奥羽への皇威を明らかにしたい。嘆願書どおり許せば奥羽は一、二年のうちに朝廷のためにはならないようになる。仙台・米沢の真意は図りがたいので、大攻撃する時には軍艦の一、二隻を酒田沖に回して、人数も多くして狭撃する手段を取る他はない。仙台藩内部には嘆願が叶わない時に反逆するという話もある。仙台・米沢の

二藩は、おそれるに足りないが、会津と一緒になると難しくなる」

などとしており、嘆願書を受け取ることなくむしろ仙台・米沢の嘆願書を無視し、

「奥羽は皆敵として武力をもって臨む他ない」というものである。

これにより瀬上は、「世良が明朝八時に出立する。この時を逃がせば後日の煩いとなる。時を待たず召し捕らねば」と決意し、福島藩に連絡するとともに姉歯武之進に命じ、世良の行動を探るうちに午前二時になったので行動を起こした。

金沢屋の表口を松川豊之進と末永縫殿之允が、裏口を大槻定之進が、また浅草宇一郎の手下が固め、赤坂幸太夫と福島藩遠藤条之助が世良の寝所に踏み込む。また勝見善太郎へは田辺覧吉らが踏み込むことで手筈を整え実行した。

世良は目覚め、ピストルを発射しようとしたが不発、立ち上がろうとしたが立ちかねた。やっと立ち上がり襖に寄りかかったが、襖とともに倒れたところを赤坂幸太夫、遠藤条之助が押さえ込み、そこに姉歯武之進も現れ三人で縛り上げた。

勝見善太郎の所に田辺覧吉らが踏み込むと、勝見が気づき裸のままで襖を楯に抜刀して立ち向かってきた。これを前後より取り巻き二度ばかり切り結んだところ、勝見が障子を破って庭に飛び降りた。田辺も追いつき短刀にて切りつけ、浅草宇一郎の手

下が飛びかかり取り押さえ、田辺が斬殺した。

捕縛の件を瀬上に報告するとともに世良を宇一郎宅に引き連れた。瀬上は、詰問を姉歯に任せ、自身は白石の軍事局へ報告に出かけた。

姉歯らが次々に密書の件を世良に詰問したが、双方、興奮しているので数人が一斉に発言。また、世良も逆上の状態であったので要領の得られないやりとりになった。

世良は、「密書が露見したならば是非に及ばない」と言い、救命を哀願した。或いは辞世を作ると言ったなどと伝えられているが、世良が、深手を負い息も絶え絶えの状態であったとのことから、これらの発言があったことは疑問である。

この場における姉歯らの感情は興奮状態であった。世良に侮辱され、権威を振りかざしての抑圧、理不尽な戦を強いる態度には憎しみ以外には何もなかった。それが目の前に横たえている。しかもぶざまである。この落差が大きい。このため人として憐憫の情が湧いてこなかったのである。取り巻く連中も同調し、群集心理もあって一気に「やっちまえ」とのことになった。また世良が深手を負っているので、白石の軍事局に差し出すことは困難であった。

世良を宇一郎方裏の阿武隈川に引き出し、姉歯の家臣菊田松治が斬首したのち、亡骸を川に流した。

たまたま二名の会津藩士が来合わせていた。世良殺害の件を知るや、「これまで世良一人のために奥羽が動揺していたが、貴藩の御尽力に感謝する」と喜び、国の手土産に、世良、勝見の首級を頂き持ち帰りたいと申し出たが、姉歯が協議し、両名の髪を切り取り持たせた。


世良修蔵は天保六年（一八三五）七月四日、周防国大島郡椋野村の庄屋中司家に出生。武士を志し文武両道の勉学に励み、僧月性などに学び、武家の養子になるなど三回も改姓。安政六年（一八五九）、世良と改姓し、下関戦争後の文久三年（一八六三）、奇兵隊に入隊、書記となる。第二次長州戦争に参加、特に鳥羽伏見戦争では世良が率いる別働隊が活躍した。仙台藩真田喜平太と話し合った際、真田の説に感銘したと伝えられている。享年三十四、中背、肥満、容貌は角顔、総髪、酒豪であったと伝えられている。

世良について仙台藩関係では悪人説が多いが、一方では勤王の士で文武両道であったともいわれている。

世良の大山格之介宛の密書は、会津藩作成の偽書との説もある。

閏四月二十日、瀬上は、あと始末を姉歯らに命じ、報告のため白石の本陣に向かった。本陣において、瀬上は、参政石母田備後、増田歴治、真田喜平太らに密書を差し出し、世良捕縛に至った経緯を報告、次いで藩主に報告した。

藩主慶邦は、ねぎらいの言葉とともに瀬上に腰の印籠を与えた。

同日朝、大越文五郎が姉歯らと相談し、但木土佐に届けるべく、世良と勝見の首級を桶から取り出し改め、菱沼中太郎、田手喜右衛門の両名に報告書を持たせ白石の本陣に送った。

殺害が伝えられるや、会津藩は白河城を攻撃した。

八　総督府の転陣

熊本藩の密偵三名が、「世良が殺害され、仙台藩兵が福島に集中している。澤副総督、大山参謀らが秋田に入っていることなどから、岩沼の総督府が孤立している、襲撃されるおそれがある」と報告、これを佐賀藩に連絡した。これにより総督府を保護する必要があるとした。

閏四月二十八日、佐賀藩兵三百五十人、小倉藩兵百三十人らが総督府守護の名目で東名浜に上陸、仙台に入った。佐賀藩前山清一郎が、総督府を京に帰陣させる。また兵を庄内との戦いの応援に向けるなどと主張した。

総督府転陣について佐賀藩前山清一郎と仙台藩但木土佐らと何回か交渉があった。前山は、この時西軍が白河城を攻略したことを知っていたが、兵力にまさる会津・仙台に奪回されるおそれがある。そのため何としても総督府の無事を守る必要があるとし、「帰京する」「秋田に滞陣している澤副総督と合流する」などと、いろいろ条件を持ち出し、転陣を承諾しない仙台藩側と交渉した。

仙台藩内は、仙台藩の名分が立たない。つまり総督府が去れば無名の妄挙となる。阻止すべきとの説と、肥後藩と戦うことになるので転陣は止むを得ないとの賛成意見があった。交渉は、前山の交渉術に負けた感がある。

結局、藩主慶邦は、転陣を内諾した。その後の列藩会議における意見は、反対が多数であったが、仙台藩が内諾したことから盛岡への転陣が決定された。

五月十八日、九条総督、醍醐参謀らが肥前、小倉そして仙台藩兵千五百余名に護衛され仙台を出発。同二十八日、南部藩境において仙台藩の護衛が解かれるとともに、仙台藩に下賜されていた錦旗や袖印などが返納された。

歴史には、「若し」はないが、「若し」が許されるならこの転陣を認めるべきではなかった。あくまでも仙台藩の勢力のもとで、時局に応じて対応できる余地を残しておくべきであった。また、これがその後の秋田藩の同盟から離反した一因にもなった。背景に仙台藩が、敵は薩長と考え、有力藩を通じて打開策を考えていたことがあると思われる。そのため佐賀藩を敵と考えていなかった。これは時局認識の甘さ、また他藩の動静に関する情報がなかったことから、もたらされた情報を十分に検討せず、他人を信ずる仙台人士の人の好さ、つまり藩主慶邦自身の人の好さを語るものだろう。

第三章　奥羽越列藩同盟と白河の攻防戦

一　奥羽越列藩同盟の成立

閏四月四日付で仙台・米沢両藩は、会津藩の嘆願書及び仙台・米沢両藩の添書を添付し奥羽三十七藩に回章した。

それとともに各藩代表の評議を求めるべく白石に参集し、戦線における休戦の連絡を取った。これにより仙台藩の但木、坂ら藩首脳はじめ諸藩の重役が続々白石に参集した。

同十一日、奥羽列藩同盟が成立。会津の降伏嘆願書に二十四藩が連署した。

仙台・米沢の嘆願書は、会津藩のために弁解し、鳥羽伏見戦争は偶発的なものであったとし寛大な処置を懇願するものである。

翌十二日、仙台・米沢藩主が岩沼の総督府に赴き、会津藩、仙台藩、米沢藩そして二十七藩から三通の嘆願書を提出した。

この後、越後諸藩が加盟し、三十一藩となり奥羽越列藩同盟が成立した。建白書及び盟約条項の作成を仙台藩が担当し、五月三日、修正の上、仙台松の井邸において調印に至った。この盟約書の作成に玉虫左太夫、若生文十郎らが関与した。

条約の内容は、
一　大義ヲ天下ニ舒《のぶ》ルヲ以テ目的トシ小節細行ニ拘泥スベカラザル事
一　舟ヲ同ジウシテ海ヲ渡ルガ如ク信ヲ以テ居リ義ヲ以テ動クベキ事
一　若シ不慮急用ノ事アラバ比隣各藩速ヤカヤニ援救総督府ニ報告スベキ事
一　強ヲ負フテ弱ヲ凌ギ勿レ私ヲ計リテ利ヲ営ム勿レ機事ヲ泄《もら》シ同盟ヲ離間スル勿レ
一　城堡ヲ築造シ糧食ヲ運搬スルハ已ヲ得ズト雖モ漫リニ百姓ヲシテ労役愁苦ニ勝ヘザラシムル勿レ
一　大事件列藩衆議、公平ノ旨ニ帰スベシ、細微ハ即チ其ノ宜シキニ随フベキ事

一　他国ニ通謀シ或ヒハ隣境ニ出兵セバ同盟ニ報ズベキ事

一　無辜《むこ》ヲ殺戮《さつりく》スル勿レ金穀ヲ掠奪スル勿レ凡ソ事不義ニ渉ル者ハ厳刑ヲ加フベキ事

右之条々違背スルモノアルニ於テハ即チ列藩衆議厳刑スベキ者也

慶応四年五月

というものである。

二　奥羽越列藩同盟の性格

さて奥羽越列藩同盟とはいったい何だったのか。

現在でも識者の間で奥羽越列藩同盟とは何かが問われている。

ここでは有識者である原口清氏、石井孝氏、星亮一氏の奥羽越列藩同盟論を略述する。

まず原口説を要約すると、

「維新政府を打倒して、慶応三年の王政復古の精神にかなった政権を確立することを目的とするものである。

この場合、現実の王政復古に存在していた武力討幕は除外されるか、ないしはその勢力が著しく削減された形で参加するということになる。即ち列藩同盟の所期する政権は、公議政体論=大政奉還コースの現実化したものとして、慶応三年十二月の王政復古政府そのままではないが、その重要な性格を継承するものとして、構想されているのであり、現実には、まず地域的な諸藩連合政権として誕生したのである。

盟約書が、「大事件ハ列藩衆議ヲ尽クシ、公平ニ帰スベシ」と規定し、同盟諸藩の相互援助を中心とする軍事・外交・民政等の大綱目を列挙し、違反に対しては列藩の衆議によって、厳しい制裁を加えることを規定していることは、この政権の以上の性格を語っている」(原口清著『戊辰戦争』一二三ページ)

石井説を要約すると、

「原口清氏は、列藩同盟の政権構想を『公議政体=大政奉還コースの現実化したもの』とし佐々木克氏も同じ見解である。しかし、これは大きな誤りであると思う。まず土佐藩の公議政体論は、前に述べたように、明白な改革の綱領を持っていた。それに引きかえ奥羽越列藩同盟は、先に掲げた「盟約書」が抽象的な綱目の羅列であることからわかるように、何ら改革の綱領を持っていない。そこに存在するのは、仙台藩が立てた全国的作戦計画だけであり、それさえも、他の同意を得ていたかどうか疑わしい」（石井孝著『戊辰戦争論』一九六ページ）

さらに要約すると、

「西南諸藩は、天保の改革に続く幕末期の藩政改革をしつつあった。これは西南辺境型でやがて天皇制第一の政権へ移る一つの過程である。

これに対して東北諸藩では、幕末期に藩の体質を変えるような藩政改革が行われなかった。つまり、幕藩体制内における藩の本来の状態を変えることがなかったのである。したがってそこでは、人材登用や殖産興業・軍制改革も行われず、門閥層が依然として藩政を掌握していた。藩政改革による「体質改善」が行われない以上、西南諸藩に見られるような体制の枠からはみ出す現象も見られなかった。仙台藩の事例を見ると「西南辺境型領国」と対照的な「東北辺境型領国」という類型を設定できるように思う。西南辺境型諸藩が、外国貿易へ進出することによって、幕府からの自立性を強めていった。これに対して東北辺境型諸藩では仙台藩に見られるように、幕府の指示を仰ぐことによって貿易に進出しようとしている藩が多い。

仙台藩のねらいは、奥羽諸藩を指導して幕藩体制の枠内で、「鎮守府の職掌」を果たそうとしていることである。

米沢藩が仙台藩とともに、奥羽越列藩同盟の結成で指導的役割を演じたのは、旧領地越後に勢力を拡張しようとする野心があったからであるといわれている。

奥羽越列藩同盟が結成されるもっとも大きな契機となったのは、会津藩を救解することで、仙台藩や米沢藩は領主としての勢力を拡大しようと図った。

このようにして結成された列藩同盟が、何ら改革の綱領をもらえなかったのはふしぎではない。共通した改革がないから、ひとたび形勢が不利になると、たちまち空中分解をとげてしまう」（前掲同書一九八、二〇二ページ）

一方、星説は、盟約書について公正正義、衆議、弱者、農民への思いやりを込めた画期的な連帯であったとする。文字どおり薩長新政府に対抗する北方政権の旗揚げであり、日本に二つの政権が誕生したことを意味した。

「新たに天皇を迎える準備が着々、進んでいた。～中略～　新天皇は上野寛永寺の門跡、輪王寺宮公現親王であった。～中略～　これぞ列藩同盟が抱く錦の御旗であり、但木は東部天皇として、年号を大政と改めることにしていた」（星亮一著『仙台戊辰戦争』四一ページ）

原口説は、地域的諸藩連合にすぎないとする。また石井説は、同盟の綱領も存在しない。会津の救解を目的とした保守主義の同盟である。そしてその中にあって仙台藩、米沢藩は、領主としての勢力の拡大を図ろうとしたとしている。仙台藩にあっては、藩祖政宗の奥州鎮守府の野心を抱き続ける大国を、米沢藩は故地である越後への進出を抱いていた。

星説は、盟約書の公正正義、衆議、弱者、農民への思いを込めた連帯を示しているという。洋行経験のある玉虫が関与したので共和政を目指したものとも考えられるが、建白書と併せ読むと薩長の排除を目的としているが、政権構想の存在までは読めない。そして輪王寺宮公現親王が東武天皇として即位したのが、慶応四年六月十六日とされているので、奥羽越列藩同盟の成立と関連していると見られない。同盟をもって北方政権が誕生するのは飛躍しすぎと考えられる。

東部天皇の誕生について菊地史料、蜂須賀史料、郷右近氏所蔵と伝えられる旧仙台藩士史料の三点が存在するとされている。これらの文言は、それぞれ多少異があるものの一致している。しかし、輪王寺宮は、六月十五、六日頃は会津に滞在していたので、その閣僚名簿に名を連ねている人々と連絡や了解が取れていたか疑問がある。北方政権誕生は、事実として説得力が少ないが、仙台藩士の意地や願望と汲み取れば心情的にはこの説に与したい。

いずれにしても軍事同盟といわれるが、これは撤回されていると指摘されている。また攻守同盟ともいわれるが、明確な綱領も存在しないので攻守同盟とはいえない、地方同盟にすぎないと指摘されている。さらに大藩と小藩とで同盟に関する意識の違いがあるとの意見もある。

列藩同盟が成立したことから会津藩寛典を訴える建白書を太政官に提出することになった。

仙台藩では、坂英力ら四名、米沢藩は、宮島誠一郎らが使者となり、一行は、五月二十六日、汽船で江戸に向け出航した。風浪と戦い六月一日、品川に入港したものの上野戦争の直後であったこと、また薩長に提出する訳にもいかないので、坂は分かれて帰仙した。

一方、宮島や仙台藩太田盛津らは、大坂を経て八月十日京都に入った。これも既に戦争に突入していたので建白書を提出できなかった。

また同盟の成立後の四月二十三日、軍事局を福島に置き、但木土佐は、仙台においての軍備、兵種を担当、板は軍事局において軍政を司り、攻守の指揮は、真田喜平太が参政兼参謀として担当することになった。

三　白河城の攻防

（一）白河は、奥州の玄関口である。

白河城は、阿武隈川と谷津田川の間の小峰が丘に、南北朝時代の暦応三年（一三四〇）、結城親朝が築城したと伝えられる小峰城と名付けられた平山城である。

城主は、丹羽氏、榊原松平氏、本多氏、奥平松平氏を経て、文政六年（一八二三）阿部正権が、武蔵忍より入り、十一万二千石。阿部正外が元治元年六月に老中となり、慶応元年（一八六五）英米仏蘭四国からの兵庫開港と条約勅許の要求に対し、開港を決定した。これが朝廷の忌避に触れ、十月に官位剥奪・国許謹慎、翌二年六月に致仕・蟄居。子正静が棚倉に移封される処分を受けた。ところが棚倉藩松平氏の国替えが手間取っていたので、幕府の管理となり二本松藩の城番、棚倉藩などが守備の担当となっていたところ、新政府が、中村藩、平藩、泉藩に守備を命じた。

その後、総督府が、仙台藩に会津征討を命ずるとともに白河城の守備を担当させたので、仙台、棚倉、二本松、三春、泉、湯長谷の各藩が守備をすることになった。

仙台藩は、総督府の督促により四月、会津藩境に出兵。これに対し、会津藩も藩境を固めた。四月二十日、土湯口などで戦端が開かれたものの双方ともやる気がなかった。閏四月十九日、世良が斬殺された。その頃仙台藩が白河城から引き上げた。

会津藩は、若松城防衛のため白河城が必要になり、空き城同然となった白河城を占拠すべく兵を進めた。

会津藩が、仙台藩兵の引き上げをもって白河城に攻め込んだことから、両者が示し合わせていたと考えられる。

閏四月二十日、会津藩兵と新撰組の一部が、白河城の北から、他の一手は大手門から、また西側から攻め入り町に放火した。

会津兵が城内に入るや多少のトラブルがあったものの、守備していた二本松藩兵は、戦意乏しくさほどの抵抗も示さず退却した。

四月二十三日、奥羽越列藩同盟が成立し、二本松、三春は西軍と戦うことになった。二本松藩は、一旦西軍についたものの、次に西軍と戦うとの混乱があった。

（二）白河城攻防戦について大山柏著『戊辰役戦史』が詳述している。以下これを要約する。

大山柏は明治二二年（一八八九）生、昭和四四年（一九六九）没。父は大山巌、母捨松。妻武子は近衛文麿の妹。陸軍少佐を退役後、慶応大学文学部教授、文学博士となる。考古学、歴史学に貢献があった。

宇都宮、大田原を攻略した薩摩藩伊地知正治が率いる薩摩、長州、大垣、忍の総兵力約二百五十名と砲五門が、大田原から前進して芦野に到着した。

西軍は、兵力を秘匿して払暁、攻撃を四月二十四日午後十時頃から開始し、白河に向かうが、数日来の降雨で道路が泥濘していたため著しく時間を要した。辛うじて翌二十五日払暁、白坂（白河南五キロ）付近の関門に到着。その時、先頭の斥候隊が同盟軍と衝突。同盟軍が続々と展開し、西軍の小丸山まで到着したところ、同盟軍が、正面の稲荷山から、そして南側から、また西側からと三方面から攻撃した。西軍は、三方面から包囲されるおそれが生じ、諸隊が後退、撤退し芦野に帰宿した。

この戦いは西軍の拙戦であった。

西軍の戦死十六名、負傷五十一名、会津側の戦死八名、負傷三十名程度。

西軍は、その後兵力を六百五十ないし七百名ほど増強。閏四月二十八日、芦野に集中した。

（三）**同盟軍は、翌二十六日、会津藩東正面総司令家老西郷頼母、副司令横山主税が、兵三中隊と一小隊を率いて入城。二十八日から二十九日にかけて仙台主将参謀坂本大炊以下二大隊と六門、棚倉藩一大隊、約三千名が集結した。**

同盟軍は、会津藩、仙台藩、棚倉藩を棚倉口などの各街道口に配置編成した。

西軍は、前回の失敗に懲り、敵状地形の偵察をし、図絵をもって城市等の険阻を見分けるとともに評議。その上で同盟軍が機動に欠け、鈍重であることを察知し、思い切った包囲攻撃を取ることにした。

その配備は、
一、右翼隊　二番、四番隊と臼砲。
棚倉口に向かい最高峰雷神山（標高四二三メートル）を攻略、占拠する。
二、中央隊　砲兵隊、薩二門、長門一門二〇ドイム臼砲一門、砲護兵二十名、長一小隊、大垣二小隊、忍一小隊。
正面の小丸山を占領し、砲兵を展開する。
三、左翼隊　薩一小隊と砲二門、長一中隊と一小隊、大垣一中隊と火箭砲一門
原方街道に出て立石山堡塁を攻撃、占領する。

とし、占拠した場合、烽火を上げ友軍に知らせるなど攻撃計画を定め攻撃を開始した。

五月一日、中央隊が小丸山高地線を占領。砲隊が小丸山部落出口西方で陣地を占領し射撃した。

同盟軍も、稲荷山東北の陣地から仙台藩砲六門が発砲、集中砲火した。対する西軍は発砲に手間取ったものの二〇ドイム臼砲を急いで出動させ、隊列の後方百メートルの地点に遮蔽地を設け砲撃し、仙台砲を制圧した。

(ドイムとはオランダの単位で、メートル法の一センチメートルに相当する。十二ドイムと二〇ドイムがあり、二〇ドイムとは口径二〇センチメートル。多数量が輸入されたが、コピーを反射炉を持つ佐賀藩で国産。初の火砲として製造された。臼砲は、城郭や要塞の攻撃用として用いられた)

そのうちに西軍が、立山上に烽火を上げたと同時に攻撃前進し、稲荷山に突入。踏みとどまっていた同盟軍と接戦し山上に隊旗を立てた。

同盟軍も回復すべく会津副総督横山主税が率いる突撃隊が突進した。斜面を山上に上っていたところ、西軍が両翼から射撃、会津側に死傷者が続出。横山も銃丸に撃たれた。同盟軍が撃退され戦死者多数。攻撃が不成功に終わった。

西軍左翼隊は、立石山の同盟軍の堡塁陣地に向かい、七つの堡塁の砲二門で射撃したが、同盟軍の陣地に容易に寄りつけない。その他一部が左翼に回り、包囲する形で攻撃した。

この戦況を見ていた薩摩隊長野津鎮雄が抜刀し、一斉突撃を命じ敵陣に躍り込んだ。会津兵は敗走。この戦いで会津指揮官日向太郎が戦死。会津の指揮が混乱し敗退。西軍は、立石山を陥れ、午前十一時頃山上に烽火を上げた。

同盟軍が地物により抵抗していたが、次から次に敗れたそのなかで仙台主将参謀坂本大炊が戦死した。

右翼隊は、白坂、白河南東二キロの十文字付近に到達、棚倉街道上の標高三四九メートルの黄泉坂で同盟軍の哨兵と衝突。四番隊長川村純義の隊が、疾風迅雷攻撃し、雷神山(四二三メートル)の峰続きの同盟軍陣地に突入し占領、これに続いて他の隊も突入し、合図の烽火を上げた。

西軍は、勢いに乗って白河城焼跡に乗り込み、各隊も本丸に旗を立てた。さらに追撃し二本松まで退却させた。

この戦いで西軍は、戦死者十名、負傷者三十八名。同盟軍の会津藩三百余名、仙台藩八十名、棚倉藩十九名、旧幕兵未詳の計死者四百名、負傷者二十五名というが、死傷者数はこれより多かったという。会津藩では、横山副総督や隊長五名、仙台藩では坂本大炊、軍監姉歯武之進らが戦死している。

西軍では、戊辰戦争を通じての一大勝利であった。

西軍は、北正面は、奥羽街道を中心として金勝寺山口を薩と大垣藩が、東正面は長と忍藩で鹿島口、阿武隈川右岸の石川口及び棚倉口を、西正面の米村口及び湯本口は大垣一隊が、南正面の江戸街道口は薩の一隊で担当し、守備することで配置した。

これに対し同盟軍は、軍議にて白河城奪回攻撃を行うことにし、五月二十六日（第一次）白河城を総攻撃することにした。

奥羽街道方面、米村口、原方口、棚倉口、石川口、桜岡方面、大和田方面など各街道口に各藩の混成部隊でもって部署を定め、五月二十六日早朝から攻撃を開始したが、当日は雨天、次第に強く降ったので行動が鈍重、また攻撃開始時間もまちまちであった。

奥羽本街道口

西軍は、向寺北端（標高三五二メートル）に関門を設け、特に東方の富士見山（標高四三七メートル）に堡塁を設けた。

同盟軍は、正面の谷地から、富士見山の北側を登って攻撃した。

正面主力の仙台兵が大垣兵陣地に向かったが、大垣兵の射撃に前進できず、大垣兵の銃火に圧倒されていた。そこに駆けつけた応援の薩兵の射撃が仙台兵を追い落とした。

金勝寺山

会津兵と仙台兵が金勝寺山を占守していたところに、薩の隊が、金勝寺山東端を攻撃した。

会津兵の山上からの射撃に対し、西軍は、一隊を迂回させ左側背から、また他の一隊が正面から攻めた。会津兵は、側射、背射を受けて苦戦、背面を擁護しようとした仙兵が退却、会兵も次々に山伝いに退却した。西軍が山上に突っ込んだ時には一兵もいなかった。

米村口

前進の会津兵は、不規則な密集集団で、なかには旗指物を立てている。これが西軍の目標となり射撃された。また曳火弾の大きな爆音が、会津兵を驚かせ、散乱させた。西軍が隊形を整え、携臼砲（最大射程七五〇メートル）二門が狙いを定めて射撃した。会兵は不統制な状態となり、そこに山砲、臼砲の集中を受けたので、攻撃を断念した。

原方口（湯本口）

会兵は、立石山正面をめがけ攻撃した。西軍の薩四番隊の一分隊に本隊が出勤し、会兵に集中火をあびせた。会兵が後退、また前進すると集中火をあびるとの繰り返しだ。一方、雨が次第に強くなり会の火力が衰え、だらだらと後退、薩の番隊には死者がなかった。

棚倉口（合戦坂口）

長兵と忍兵と砲門の一隊で守備していた。同盟軍は、十一隊と砲三門とで攻撃。西軍が棚倉街道以西より胸壁を設けたので、戦線が一二〇〇〜一三〇〇メートルほどになった。同盟軍は、西軍の左翼を包囲する形で前進し、砲三門を高地端（標高二六七メートル）に展開し西軍の堡塁を射撃。長兵が反撃したところ、長兵の陣をめがけて攻撃した。

これに対し長兵のスナイドル銃が威力を発揮。同盟軍の銃の多くは火縄銃である。雨中での発火が難である。戦線が一時膠着状態になった。

奥羽街道江戸口守備の薩の一隊が、稲荷山付近にいた。その一分隊を長兵の左側の警護に、十文字西側の陣地に同盟軍の砲隊が構えているので、西軍が南湖西南側から小丸山高地東部に登り、山上から同盟軍砲隊の左側背を襲った。同盟軍は、西軍の雨を衝いての突然の襲撃にびっくりし、砲を捨て十文字の方へ逃げ出した。雷神山突出角の堡塁を攻撃中の同盟軍に対し長、薩が連携して攻撃すると、同盟軍は攪乱に近い状態となり後退した。長兵が堡塁から飛び出して追撃し、同盟軍の左翼が崩れ山上から後退。長兵がこれを追撃し、正午頃に終了した。

石川口（桜町口）

石川口は、白河の東端の桜町から阿武隈川右岸で石川（白河の東二〇キロ）に通ずる道路である。同盟軍は、搦目（白河東端から一キロ強）付近まで前進し、砲隊が射撃したが、射程距離が届かず威力がなく、正面に前進することが困難になっていた。また側面の長兵から砲撃され、高地上の忍の堡塁からも射撃されたので、高地を攻撃することができなかった。正午になり雨も強くなり、同盟軍は敗退した。

桜岡方面

奥羽街道東側に富士見高地があり、その東北角に桜岡の部落がある。西軍の長兵が桜岡北側高地を守備し、そのうちの一隊が、標高四一〇メートルの高地を守備していた。

同盟軍が桜岡に向かって前進し、桜岡高地に向かったが、比高三～四メートルの西軍の胸壁から射撃され容易に近づけない。和銃の射程は届かないので前進が停滞していたところ、雨が次第に強くなり和銃の射撃が困難になり、攻撃が頓挫。

大和田方面

同盟軍が桜岡まで一五〇〇メートルの大和田に前進し、さらに西進して桜岡の東北角に向かい攻撃前進した。西軍は、桜岡部落北方で部落南側高地から射撃を開始した。同盟軍は、砲隊の砲列を布くのに正午近くまで手間取った。そのうちに本隊が退却を始めた。そのため右側背から攻撃されるおそれが生じ、砲兵から退却、続いて歩兵も退却した。

同盟軍の八方面の包囲攻撃は何一つ効果なく終わった。

白坂の戦闘

五月二十六日、同盟軍の白河総攻撃と同時に行われた。これは西軍の退路並びに後方連絡の遮断、そして白坂に在留している警備隊が白河に増援に向かうことを牽制する目的であったと思われる。

会津、相馬、棚倉の四小隊と相馬の臼砲四門で編成し、午前七時すぎに白坂東北側高地を占領し、射撃を開始した。

西軍にとっては、全くの奇襲攻撃であった。

西軍は朝食中であったので、大いに驚いた。西軍が、武装を整え地物を利用して戦闘を行うとともに、次第に兵数が増すに従って攻勢し、同盟軍を村端から追い出した。同盟軍が高地に後退し俯射したが、西軍は山上を攻撃、前進し、約二時間を要した正午頃、山上から同盟軍を撃退し、臼砲二門を分捕った。しかし、追撃するまでにはいかなかった。

この戦闘において、同盟軍はぐずぐずとした攻撃であった。この原因は、同盟軍首脳に攻略、戦略に優れた人がいなかったものと思われる。かつ統一指揮する軍将がいなかった。作戦計画の立案者はわからないが、どこに重点があったのか、地形も無視している。

この白河の戦闘により西軍は、砲三門を分捕り、戦死三名、戦傷十七名。白坂では、戦死四名、戦傷十二名。同盟軍では、仙兵は戦死八名、戦傷十九名。二本松兵は戦死二名、棚倉兵は戦死四名、戦傷五名。相馬兵は戦死二名、戦傷四名であるが、会津兵の記録はない。死傷者数からして西軍は接近戦を行っていないと判断できる。

（四）第二次攻撃（五月二十七日）

同盟軍のこの日の攻撃方面は、奥州街道口、金勝寺山方面、棚倉口、石川口、大和田口の五方面で攻撃開始、時間は遅く午前十一時頃であった。

奥州本道方面は、仙兵が主力であったようであるが、守備の大垣兵との衝突はなかった。

金勝寺山を薩兵が警備していた。会津兵が、午後三時頃に金勝寺山の北方から西北丘陵の尾根伝いに金勝寺山を攻撃した。薩兵が簡易な胸壁を設けてあったため容易に前進できなかった。左翼方面の高地上の薩兵が、会の左翼と戦闘を開始。また金勝寺山にいた薩兵が勢いよく前進したので会津兵は両面から攻められ苦戦に陥り、次第に後退。山から追い落とされ退却。会津街道を北走し刎石まで後退した。

この日、土佐藩兵が来援し白河に到着した。

棚倉口では、仙台、二本松、棚倉、相馬の兵が雷神山の西軍陣地を攻撃した。西軍は長兵、忍兵が守備していたが、同盟軍は桜町関門から石川口に向かった。

石川口に仙、会、二本松兵が石川道の南側高地を搦目方向から攻撃したが、攻撃が緩慢であり、午後から土佐藩兵が攻撃、忍兵の援護射撃のもとで前進すると同盟軍が退却した。

この日の戦いで西軍は、同盟軍が攻撃した五路においてことごとく撃退し、戦闘を終えた。砲一門を分捕り、戦傷者四名を出したにすぎない。

（五）第三次攻撃（五月二十八日）その他

この日の同盟軍の攻撃は、棚倉口と石川口だけであったようである。

棚倉口では、南東方約一キロの棚倉道と旗宿道との分岐点付近において長の斥候と同盟軍の斥候とが衝突した。西軍は増援を得て同盟軍を破り追撃し、東側陣地に引き上げた。

石川口でも戦闘があったが、詳細は不詳である。

（六）同盟軍の第四次攻撃（六月十二日）

西軍は、土佐藩兵に加えて薩摩兵の増強を図り、兵数は千五〜六百名に達していた。同盟軍は、白河南東約五キロの標高六一八メートルの関山の山上に砲を引き上げ、払暁。砲六発をもって攻撃の合図とし、同時に各方面から攻撃を開始した。

奥羽街道の白河北端を大垣兵が守備していた。同盟軍の仙台会津の兵、そのうちの鳥組（細谷隊）が先鋒となり、払暁、富士見山と桜岡との中間を鹿島神社北側の丘陵端まで進出したが、後続の部隊がなく孤立。桜岡丘陵内で正午頃まで戦闘したが苦戦し、小田川に引き上げた。

本街道方面では、主力は仙台一大隊、それに会兵が加わり、正面の高地に展開して射撃したが、遠くから射撃するだけである。応援の薩兵は、攻めて来ないならと山を下り、谷を渡って攻勢に出た。大垣兵も続いた。仙兵は、銃の威力が発揮できないばかりか、訓練不足、地形も悪い。西軍が攻め込んだところ仙兵は、山を下って後退、山上を明け渡した。

関門西側高地の西軍監視兵の陣を同盟軍が攻撃。大垣兵が防戦、薩兵が東側高地に、土佐兵が西側高地に進出し、膠着状態に陥ったが、東側の仙兵、次に正面の仙兵も徐々に後退した。

しかし、会津街道北口の四〇三メートルの高地で攻撃を持続している同盟軍を、西軍が正面と右翼から包囲する形で攻撃した。仙兵は、南と東の両面から攻撃を受け、左翼も後退し、取り囲まれ後退の機を失った。さらに東側から包囲攻撃された。退却している途中で両側から射撃され、この山下で四十余名が戦死した。

同盟軍は、山伝いに攻撃せざるを得ない状況であったが、和銃や丸玉のヤーゲル銃では、一〇〇メートル以上の距離では弾着が悪く、また不慣れのため距離を考えないで遠くからやたらに射撃しているので所在が知られ、有効射程距離が二〇〇メートル以内に入るや西軍に射撃され制圧された。

金勝山西南側の米村谷地方面では、仙、会、二本松の兵が攻撃してきた。守備の土佐、薩摩の陣から砲で射撃され、接近したところ銃で射撃された。たじろいたところ、堡塁から躍り出た西軍に攻撃された。さらに谷津田川を徒渉して突っ込まれたので、同盟軍はたちまち敗走、さらに追撃され、多数の死傷者を出し、銃を捨てて後退した。

旗宿及び棚倉道方面を守備していた西軍のうち雷神山東端の忍兵の十名程度のところに、同盟軍の約一大隊（四、五百名）が包囲する形で攻撃してきた。西軍は、急報により応援隊が続々と増加し、砲隊も到着、陣地を保持した。

同盟軍も次第に増加していたものの前進が鈍く、遠距離から射撃するだけである。そこへ長兵が応援、攻撃態勢を取り堡塁から飛び出し、同盟軍のなかにまっしぐらに攻撃前進、これに忍兵も続いた、肉薄突撃を受け不意を突かれた同盟軍が、慌てふためき退却。仙、会兵の隊長が戦死し、混乱して退走した。

同盟軍は多数の死傷者を出したが、西軍の傷者は一名。砲一門、小銃十五、六挺を分補って引き上げた。

石川道口及び鹿島方面では、同盟軍が、石川道と本沼桜岡の二方面から攻撃した。薩兵が警備していた石川口を、二本松兵と仙兵が前進していた。二本松兵が、薩兵の白河東端堡塁陣地と対戦した。薩兵は、十分に引き寄せて射撃し、南方の高地沿いからも攻撃した。突進してきた薩兵に撃退され、東方に後退。さらに薩兵は、二本松兵と仙、会、棚倉兵を高地から横撃した。山と川の間の狭い地域に展開中の同盟軍は不意に山上から側射され混乱。また、仙、会、棚倉の隊長が戦死したので諸隊は無統制となり退走した。

この戦いで薩兵は、戦死一名、傷者一名の損害であった。同盟軍の死傷者数は不明であるも相当の損害であったと思われる。

桜岡方面では、薩兵が、鹿島北側高地を守備していた。

同盟軍は勢いよく攻撃してきたものの、桜岡南方四一〇メートル高地の陣地の堡塁になかなか近寄れず、持久的な相対になった。久保南方方面から阿武隈川左岸の平地を攻撃してきた部隊も鹿島東方の堡塁から射撃を受け、前進が鈍った。

石川口方面では、前進し方向を変え鹿島東方に現れた同盟軍を砲撃、応援の薩兵が桜岡に登った。同盟軍は、桜岡山下の高地端低地に密集して山上に登りつつあったが、西軍が斬り込みを図り堡塁から躍り出て一気に急坂を突撃した。同盟軍は、たちまち敗走。

また、白坂では守備していた西軍に対し、午前七時頃、西方の黒川方面から同盟軍が攻撃してきた。西軍は、同盟軍が接近するまで射撃せず、徐々に西方高地を伝って接近したところで、一斉に射撃に転じた。怯んだところ、西軍が堡塁を飛び出して攻勢に及んだ。同盟軍は慌てて後退。追撃し、正午頃に引き上げた。

この戦闘では西軍の一名が負傷しただけである。同盟軍の損害は不詳である。

この六月十二日の同盟軍の攻撃は、得ることなく不成功に終わった。

（七）　第五次攻撃（六月二十五日）

同盟軍は六月二十五日、奥羽街道、会津街道そして西方の三道から白河城を攻撃した。西軍は直ちに出兵し対応した。同盟軍は、徐々に前進し遠方から射撃するだけである。

この日、同盟軍の三道からの攻撃は戦闘らしき戦闘もなくことごとく撃退された。

（八）　第六次攻撃（七月一日）

七月一日払暁、同盟軍が、金勝寺山と立石山との中間から白河城西南隅まで突入した。西軍が、金勝寺山と立石山の守備を固め、これを拠点とし、三方面から攻撃、次第に兵力を増して包囲した。同盟軍は、後退し阿武隈川を越え、西軍の守備線外に後退した。

一方、立石山西方の下新田方向から攻撃してきた同盟軍は集落に放火した。これが目標となり西軍が包囲するが如く展開し、砲兵も参加したので、遂に五キロ位後退。

攻撃に及んだ同盟軍の兵力は少数であって、白河城回復攻撃は、不可能なものであった。

（九）第七次攻撃（七月十五日）

七月一日、仙台藩では軍事会議が開かれ、各方面の不利な形勢に対しての打開策について論議がなされた。これに対して、「これまでの敗戦は指揮者の当を得ないことによるものである故適材を選んで任命然るべし」との意見があった。

それにより坂英力を藩主名代軍事総裁に、真田喜平太を参謀とし、新たな部隊を増員した。さらに坂の部隊が、須賀川に退守していた増田歴治や泉田志摩の隊と合同し、七月十二日会津と二本松の指揮者と軍議を開き攻撃計画を策定した。

この攻撃計画に基づき七月十五日、攻撃が決行された。

ところが十四日は雨で配置につく諸隊の行動が困難となり、諸隊が、夜十二時に攻撃すべき位置に達しないうちに払暁になった。

この状況を知った真田参謀は「攻撃中止」の命令を発したが、道が遠いため到達しないうちに本街道上の猪苗代城代田中源之助の隊が、根田付近に向かって攻撃前進し、戦闘を開始した。

田中隊の控置の増田歴治隊の一隊長が、流丸に当たって倒れたことから弾丸不達のところまで後退。これにつられ他の隊も三々五々後退した。指揮官が後退し、指揮官を失った隊は勝手に行動し、各所に混乱が生じた。そこを西軍に攻撃され敗走した。

大松沢隊が、鹿島関門を攻撃することになっていたが、いかなる理由か鹿島に向かわず本道東側面に出たので、真田参謀が本道方面の収容を行うよう令した。しかし、本道諸隊との連絡が取れず単独展開となり、本街道の東側間道を退却した。真田隊その他の隊は、最初の攻撃中止命令によりそのまま退却していた。

田中隊が攻撃を始めたが、守備担当の大垣藩の兵力が充実しており、さらに薩、長、土の増援隊も到着していた。薩五番隊が、ひそかに退路を遮断することにし、その予定地に到着するまで時間稼ぎし同盟軍の接近を待っていた。時分よしと、大垣藩兵が合図の砲を撃った。これが同盟軍の頭上で二発が雷発した。これに驚き蜘《く》蛛《も》の子を散らすように混乱した。待ち構えていた西軍が一斉に陣地を飛び出し、喊声を上げ突っ込んだ。会そして後続の仙兵も敗走、さらに東南高地上から薩五番隊が猛射した。次に鹿島口から北進したところ、図らずも大松沢隊と遭遇し、これを撃破した。

中島兵衛之介隊は、広地域に展開して白河の西北と西正面の一部に向かったが、各高地上にとどまっていた。これを見た西軍は、会津街道方面から薩、長、土、大垣の兵とこれに連携して金勝寺の阿波兵も出撃し、各高地の仙、会の兵を攻撃した。同盟軍も防戦したが攻撃に耐えかねて退却し、大きく北に後退した。

この戦闘により仙兵の戦死十七名、負傷二十名、会兵は未詳。西軍の死傷者は殆どなかった。

同盟軍の数回に亘る白河城戦は不成功に終わり、この後、奪回から手を引いた。

以上のように白河城攻防戦について、大山柏著『戊辰役戦史』は、西軍の観点による戦況の記述であり、薩摩の伊地知正治の戦略、指揮ぶり、野津鎮雄、川村純義らの勇敢な戦い、そして戦略戦術が、いかに優れていたかを物語っている。

（十）　同盟軍の戦い

一方、藤原相之助著『仙台戊辰史』は、仙台藩の観点から詳述している。以下これを要約する。

(1)奥羽越列藩同盟成立後の四月二十三日、白石の軍営を撤去して軍事局を福島に設け、西軍との戦いの策を設定することにした。

執政但木土佐は仙台において軍費、兵糧、兵器弾薬等の担当、坂英力は、軍事局において攻守の指揮を行うことにした。

その他、

参政兼参謀真田喜平太　警護兵歩兵一大隊

白河城大隊長瀬上主膳　歩兵五小隊、砲兵一小隊

参謀坂本大炊　歩兵三小隊

副参謀今村鷲之介　大砲一隊

大隊長佐藤宮内　歩兵三小隊、砲兵一隊

会藩一柳四郎左衛門（瀬上に合体）

羽州庄内応援小簗川敬治　一小隊

この他に二本松藩が六小隊を出兵する約束をした。

閏四月二十五日、先鋒会津一柳隊と仙台瀬上隊、佐藤隊らが福島を出発し白河に到着。二十六日、参謀坂本も続いて出発、二本松において家老丹羽丹波と軍事方らを旅

宿に招き、約束していた先鋒として兵六小隊の出兵を確認し、これにより翌二十七日払暁、二小隊が出兵した。

これより先の同月二十三日、真田隊と坂本隊、今村隊は白石を出発し、二十四日、福島長楽寺に設けた軍事局に、坂本大炊に付属した狙撃小隊と銃卒一小隊が着き、この日到着した会津一柳兵の二小隊と合同訓練を行った。

同二十五日払暁、白河付近白坂、原方の両道より西軍が白河城に進軍したが、城兵が力戦して防戦し西軍を退却させ、これを追撃。西軍の十三名を捕らえこれを市中に曝首した。また防禦のため城西天神町を焼き払った。

瀬上主膳の白河城への繰り込み、会津藩隊長西郷頼母、横山主税、鈴木多聞らと軍議し、会津兵の歴戦、疲労を考え仙台藩が諸街道口を固めることにした。

その上で三春、棚倉に出兵を催促した。三春は武器、食糧を調達中である。棚倉からは去る二十日の白河の戦いで兵が散乱して揃わないので迅速な出兵はできがたい旨の回答があった。

一方で白河の近郷伊達辺の農民から、団結して国家のために尽くしたい旨の申し出がなされた。

⑵会津軍の力戦

閏四月二十四日、白河守備の会津軍に薩、長、佐土原の兵が、今朝太田原を出発し、今夜芦野に宿泊するとの情報がもたらされた。これにより隊長たちが戦略を協議した。白坂口は、新撰組山口次郎を先手とし遊撃隊長遠山伊右衛門、棚倉口は純義隊小池周吾、原方街道は青龍一番隊長鈴木作右衛門が担当し、西軍に備えた。

翌二十五日払暁、西軍が白坂口関門を攻撃。山口次郎、遠山伊右衛門らは兵を指揮して奮戦した。

太平口の日向茂太郎は米村に進出していたが、砲撃を聞き、急進して白坂口の横合いに出た。砲兵隊長樋口久吾は白河九弁丁より、小池周吾は棚倉口より、遠山伊右衛門は原方街道より進撃し、横合いより集義隊今泉伝之助、井口源吾らが歩兵を率いて進んだ。

西軍は、河籠原から散兵になって前進。会津軍が力戦奮闘して当たった。西軍の参謀伊地知正治は、不利を察し急に兵を収めようとした。会津軍は、すかさず境明神に至った。戦闘激しく双方に多数の死傷者が生じた。

翌二十六日、会津軍東方面総督西郷頼母、副総督横山主税及び小森一貫斎らが勢至

堂に至り、朱雀足軽隊長日向茂太郎は、白河城を出て原方街道の長山に塁を築いて守備につき、その他は、白河市外白坂口或いは棚倉口、市町の末に番兵を置いた。宮川六郎、山口次郎らは、境明神に兵を出そうと議論したが、これは実現しなかった。杉田兵庫は御霊櫃より、遠山伊右衛門は中地より、鈴木作右衛門の分隊は勢至堂より白河に到着した。

二十七日、仙台藩瀬上主膳、佐藤宮内らの隊も白河に入った。次いで会津の一柳四郎左衛門及び棚倉の平田弾右衛門の隊も白河に入った。会津藩の勢力が増した。

二十八日、仙台藩坂本大炊、今村鷲之介らの隊も繰り込んだ。瀬上は、矢吹にいる坂本に至急白河に繰り込むよう、また兵糧等も今日中に運搬するよう指示したが、朝からの大雨のため移動が困難であった。大砲方も大砲に水が入っている、弾薬も不足なので明朝に出発したいという。坂本は、それなら大砲だけ矢吹に残し、兵は繰り込むべきであるとし、同夜、白河に入った。

(3) 白河口の激戦

閏四月二十九日、棚倉街道に西軍が押寄せてきた模様との報により士分三十人、凡下三十人、雑兵百三十人を繰り出し、会の遠山伊右衛門、鈴木作右衛門、小池周吾、小森一貫斎、仙の瀬上主膳、棚倉の平田弾右衛門ら兵を率い棚倉口桜町に向かい進み、天神町、白河口へは会の一柳四郎左衛門、今泉伝之助、井口源吾、杉田兵庫、新撰組山口次郎。原方口へは日向茂太郎、井深右近らの兵を差し向けた。

西軍は、薩、長、大垣の兵が、白坂より容易に進まない。

翌五月一日払暁、西軍は兵を三手に分け薩摩五番隊、長州二番隊大砲一門、大垣兵一中隊大砲一門が黒川村より原方街道に迫り、薩摩一番隊、三番隊大砲一門、大垣兵一中隊大砲一門、忍兵一小隊は、本道河籠村の東山林の間道より同時に前進してきた。芦野に忍兵四小隊をとどめておいた。

午前六時、西軍が白坂口関門より八、九丁ほど前進し、大小砲を盛んに発砲した。これに会の一柳四郎左衛門が先鋒となり、続いて仙の瀬上主膳が繰り出して防戦の手配をした。また棚倉口桜町方面より西軍が、大小砲を発砲し前進してきた。会の鈴木作右衛門と平田弾右衛門らが左右に分かれ、西軍を囲もうと指揮して奮戦した。

本道口より仙の瀬上主膳が前進して砲撃したが、西軍は、樹木を楯にして激しく発砲した。

仙兵の四小隊が、大砲六門をもって防戦した。七時頃になって西軍は、街道の中に大砲を繰り出したので仙の大砲長沼沢与三郎が猛烈に大砲を発射し奮戦した。西軍の死傷者が多く散乱しているなか退却。西方の山を下って田畑の中に潜みつつ古河原方へ道を取り横合いより進もうとした。また原方口にあっては、日向茂太郎、井深右近らが奮戦して西軍を撃退し、長山の麓に至った。本道口の仙兵も堀或いは木陰に拠り前進し、彼我三、四丁隔て激しく戦った。

棚倉街道畑宿の方へ回った西軍は、左右森林の間に潜伏していた。同盟軍の兵の進撃を見て一斉に起き、挟撃するとともに先に敗退した隊も引き返し三方より攻撃してきた。仙、会、棚倉がともに防戦したが支えきれず、四、五丁引き下がり、要害に拠り砲発したが、西軍の勢いが猛烈である。この時、仙の佐藤宮内、坂本大炊、今村鷲之介らは、白河城西会津門通りより横合いへ繰り出し、本天神の前の小山へ登り戦況を視察するに、西軍が先に要地を取り胸壁を長く築き、一手は山上に備え激しく砲撃した。これにより容易に破りがたいと認められたが、戦わずして退くは本意にあらずとして坂本大炊と今村鷲之介が協議し、兵を左右に分け、進藤与市をして、兵を潜めて小山に上り散兵して一斉射撃した。西軍の倒れる者、数を知らぬほどであるが、これに屈せず、田圃の間に出没して迫ってきた。

これに長沼五郎左衛門、芝多賛三郎が応戦するのを躊躇《ちゅうちょ》するので進藤与市が一人で奮戦して当たった。しかし、戦況を有利に回復することが難しくなった。これを見た坂本は兵六、七人を率い奮戦した。阿武隈川を渡り、西方へ向かって数丁ほど行ったところで銃丸に撃たれ頭を貫通し倒れた。従者が今村鷲之介に報告するや、今村が単身、川を越え倒れている大炊のもとに寄ったところ、まだ息があった。佐藤直之助とともに介抱して退こうとしたが、弾丸が雨の如く、起立することもできない。しばらく坂本の傍らに臥し、機会を見て従者を呼び、坂本を抱え田の中を匍匐《ほふく》して川へ飛込み遥かに本天神の山麓にたどりつき、坂本をその隊に渡したが、その時既に落命していた。

今村は、坂本に代わり指揮し、さらに戦場に駆け寄り瀬上らの兵を励まして戦っていたが、まもなく会の隊長日向茂太郎も弾丸に当たり倒れた。

これにより同盟軍の兵は、とどまることができない状態となり、米村の堤防に拠り戦っていたが、たちまち大砲手十余人が戦死。このため、到底防げないとし死骸を携え敗兵を引いて退いた。

また白坂口、天神町の方より西軍が、徐々砲戦にしてきているので会の一柳四郎左衛門、山口次郎、今泉伝之助、井口源吾らが稲荷山に登り、西軍の寄せくるのを待っていたが、棚倉口、原方街道の砲戦が激烈となった。間道を潜みきた西軍が、突然稲荷山の正面に現れ、大小砲を放った。一柳らが力戦して応じた。副総督横山主税は、兵を励まして稲荷山に登ったが、たちまち銃丸に倒れた。また桜町方面では、会の遠山、鈴木、仙の瀬上らは死に物狂いに奮戦したが、十二時頃に至り遂に敗れた。西軍が急に追撃してきて町家に放火した。

仙の軍監姉歯武之進は、身を挺して奮戦。八方に当たり前後に敵を受けたが、一方の血路を聞き抜刀のまま踊るように白河城中に入り倒れた。会の兵が援けたが遂に絶命した。

最後には会兵が城中に引き揚げた。遅れた者たちは市街に退いたが、ごたごたして制止ができない状態となった。城内及び天神町本町の同盟軍は、敵を背後に受け退路を失ったが、抜刀接戦し、僅かに会津間道及び本道に引き揚げた。原方口九軒丁に退いた隊もとどめることができず、米村大谷地を指して散乱した。会津の兵はことごとく潰れた。一柳四郎左衛門、海老名衛門、鈴木覚弥、木村熊之進、小村十太夫、上田源之丞らの諸将が死亡した。会の総督西郷頼母は、退いて滑川に至ったが、僅かに三小隊をまとめただけで勢至堂に退いた。

この日、二本松兵七百人、会津の坂十郎が、半小隊を率いて須賀川を出て白河に入ろうとしたところ砲声を聞いて急走したが間に合わず、既に白河が敗れたあととなったので中新城に退いたとしている。

なお『仙台藩戊辰史』（下飯坂秀治著）は、この五月一日の戦いについて以下のとおり記述している。

五月朔日、本道白坂口関門ノ守兵来タリ報シテ曰ク只今（午前六時）関門ノ西八九丁ノ所ニ銃声アリト瀬上主膳各隊長ニ報ス。会藩ノ隊長一柳四郎左衛門歩兵二小隊ヲ率ヰテ原方口ニ向ヒ瀬上主膳歩兵四小隊砲六門ヲ率ヰテ本道口ニ向ヒ坂本大炊歩兵三小隊ヲ率ヰテ会津街道ノ西方横合ニ備フ原方口ノ守兵銃ヲ発シテ開戦シ主膳部下ヲシテ斉シク銃ヲ発セシム西軍道路ノ並木ヲ楯トシテ發銃尤モ烈シ須臾ニシテ西軍砲ヲ街路ノ中央ニ据エテ発射スル事尤モ力ム我砲手長沼沢与三郎砲手ヲ指揮シテ之ニ応ス西軍多ク死傷ヲ出シテ少ク退キ西手ノ山ヲ下リ身ヲ田間ニ潜メテ進ム我亦堀又ハ樹ニ拠リテ進ミソノ間相距ル事僅ニ三丁余ナリ坂本大炊元天神山ニ上リテ戦況ヲ視察スルニ敵兵先タチテ要地ニ依リ胸壁涯マデ進ミテ一手ハ山上ニ砲ヲ備ヘテ発砲尤モ猛烈ナリ是ニ於テ兵ヲ左右ニ分チ谷間ニ下リテ防戦ス大炊六七人ヲ率キテ阿武隈川ヲ越エテ西ヘ進ミシニ銃丸来リテ其頭ヲ貫キテ死シ其部下皆四散ス主膳部下ヲ励マシテ發銃烈戦シ午前十時ニ至ル敵兵少ナク退ク会藩追撃スル事尤モ急ナリ此時ニ当リテ敵兵城東ナル棚倉街道ニ顕ハレ進撃甚タ急ナリ此口ノ守兵ハ本藩及ヒ会津棚倉ノ三藩ナレドモ兵数極メテ少ク支フル事能ハスシテ桜町関門ワ守ル諸方ノ口々皆苦戦シテ各藩死傷者多ク会藩一柳四郎左衛門ハ戦死シ横山主税ハ重傷ヲ負フ敵兵桜町ニ放火シテ疾ク攻ム故ニ我兵城中ニ退却ス敵兵城ヲ挟撃スル事尤モ急ニシテ支フル事能ハス退クニ途ナク抜刀接戦シテ僅ニ血路ヲ開キテ本道及ヒ会津間道ニ退ク敵兵遂ニ城ニ入ル我軍敗兵ヲ矢吹ニ集メテ之ヲ検セスルニ戦死八十一人負傷九人ナリ瀬上主膳敗兵ヲ集メテ二本松ニ退ク故ヲ以テ罰セラル

とし会津、仙台藩兵が善戦している状況を伝えている。

⑷白河城総攻撃

同盟軍は、五月二十六日、白河城総攻撃を協議し決定した。西軍の兵は少ない、一戦をもって白河を回復できるとの情報があった。

各部署を、

白河本道　仙藩中島兵衛之介三小隊、細谷十太夫百人
　片倉隊斎藤利右衛門二小隊、会津大竹喜内、長野源左衛門二中隊、
　井深守之進、諏訪豊四郎、同左内百人

本沼口　二本松家老丹羽丹波、会津弥一、黒小路友次郎、萩権蔵　四小隊

白河城西金勝寺口　仙藩泉田志摩、中島分隊、
　芝多賛三郎、会津望月新平、国分辰次郎、応援大松沢掃部之輔

として配置した。

各軍須賀川を出発して矢吹に至り、二十五日夜、小田川駅より七曲に番兵を出して置いた。

翌払暁、仙台藩大砲長釜石栄治は、白河関門に向かい、芝多賛三郎は山手に向かい、田中惣左衛門は白河関門の東の羅漢山に向かい、片倉小十郎の家来の隊は、富士見山

に向かい、中島分隊長及び会津藩高橋権太輔、本木内蔵之丞、坂平三郎、望月新平、国分辰次郎らの隊は、金勝寺山方面に向かい、仙台細谷十大夫、大立目武蔵隊及び二本松の大谷鳴海らと互いに連絡を取りつつ進む。また会の蜷川友治郎、小池帯刀、赤垣平八郎らは雷神山に、同上田八郎右衛門、相馬直登、土屋鉄之助、原田主馬らは折口に、仙台の中島兵衛之介は愛宕山方面に、会津の小森一貫斎、木村兵庫らは棚倉口に進出した。

この日、仙将細谷十太夫は、前夜より小田川駅入口八幡神社前に進み、未明に進撃の合図をし、本隊が進出するとしていたので合図を待っていたが、本軍は来なかった。夜は既に明け、日の出になってきた。細谷は憤慨し急に命令を下し、会津兵とともに金勝寺山の薩軍を攻撃したものの、利あらずして十時頃に至って根田に退いた。相手は薩兵で、勢い激しく追撃してきた。これを大松沢掃部之輔の隊が引き受け防戦した。しかし、死傷者が多くなり十二時頃、永坂へ引き揚げた。また仙将中島兵衛之介隊は、会津の望月新平隊とともに白河城西北に回り、払暁より攻撃。遮二無二に攻めて金勝寺山を乗っ取り、西軍を追い払った。なお進み発砲していたが、二本松藩の持ち場が敗れたため、止むを得ず本道口へ引き上げた。これを西軍が、すかさず横合いより進撃してきた。このため会の隊長をはじめ死傷者が多くなったので十二時頃に至り徐々に引き揚げた。

この戦いで大松沢掃部之輔が先鋒を望んで願い出たが、増田歴治が自らの勲功を立てたい思いがあり許さず、大松沢隊を七曲にとどめていた。その後、増田らが敗れたので大松沢は、羅漢富士に向かい急進した。これに西軍が大いに驚き散り乱れた。大松沢隊の小栗、平田らの精兵がこれに乗じ、大松沢とともに急進し白河関門に迫った。西軍は、輜重を白坂に収容、大松沢の先鋒が白河に進入しようとして増田に応援を求めたが、増田はこれを拒否した。大松沢は、大いに怒り自ら増田を説得したものの、増田が躊躇した。このため勝機を失ってしまった。大松沢は切歯した。また既に増田は、輿に乗り、退いたことから総軍が敗退するに至った。

二十七日、会津軍はさらに六壇山に向かい、薩、大垣、土州の兵と戦い、一方では金勝寺山の両軍を討ったが利あらず。西軍が、大地に出て空営に放火した。この時、棚倉口より仙台藩大立目武蔵、二本松の大谷鳴海が進撃し、会藩の隊と力を合わせつつ土州及び忍、長州兵と戦いに勝敗あり、棚倉兵、相馬兵も勢いを合わせたが、はかばかしくなかった。黄昏に至り交々引き揚げた。

この戦いの仙台藩の死傷は、
戦死　中島兵衛之介隊四名、大松沢掃部之輔隊二名、芝多贇三郎隊一名
　　　片倉小十郎隊一名
負傷　中島兵衛之介隊六名、大松沢掃部之輔隊二名、芝多贇三郎隊二名
　　　片倉小十郎隊一名、田中惣左衛門隊三名、佐藤宮内隊三名、細谷十太夫隊三名

(5)白河口の激戦

列藩が大挙して白河城を攻めて勝てなかった。仙台藩は、五月二十七日の会議にて小田川と泉田境の七曲山上に兵を配置した。

細谷十太夫は本陣を小田川駅の寺に移した。大隊長には大松沢掃部之輔、小隊長に小栗兵三郎、平田小四郎以下それぞれを配備し、伊達筑前の大隊もまた備えを立てた。

十二日、列藩が大挙して白河を攻撃することを決した。棚倉口伴沢より、会津純義隊渡邊綱之助ら棚倉、相馬の兵と並び進み、根田和田山よりは、仙台細谷十太夫隊を先鋒とし大松沢掃部之輔の大隊が進出し、愛宕山方面よりは、会津の遠山伊右衛門らが進出、大谷口よりは仙台の中島兵衛之介、会津の高橋権太輔らが進出、また仙台の

大立目武蔵、会津の原田対馬、赤垣平八が、前夜、下羽田村に出て白坂口に迫り、一挙して白河を援けようとした。しかもこの時、西兵が大いに増加し、勢力の比ではなかった。棚倉口の攻撃軍は、忍及び薩兵と戦って勝てなかった。

根田、和田山方面は、先鋒の細谷十太夫が、朝六時をもって鹿島神社の後方まで進出し、後続の隊を待って桜山に上り戦ったがはかばかしくなかった。そのうちに応援隊が引き揚げ、桜山に残った隊が非常な苦戦に陥ったので、十二時頃に引き揚げた。

また刎石口の中島兵衛之介らは、薩、土州の兵と戦い互いに勝敗があったが、根田口の攻撃軍が敗れたため止むなく退却した。

長坂山、折口より攻めた会津、二本松の兵も退き、阿武隈の堡塁に拠った。この戦いで仙台の小栗大三郎が、抜刀者二十人を撰出し、会津もまた五十人を撰出し、西軍の後方を襲おうとしたが、西軍はこれを察知し左右に分かれ発砲してきたので、斬り込みができなかった。本道口では、会津遠山伊右衛門が奮戦して倒れた。その子出雲之助は、父の屍を負いて退いたが、途中でまた弾丸のために倒れた。続いて会津の先鋒志賀英馬もまた戦死した。

仙台大松沢多利之進は、和田山より大砲を連発して、西軍を破り富士見山に向かった。片倉隊の斎藤利右衛門もこれに続いた。西軍はこれを見て和田山を襲ったが、仙の浜田養治が奮戦して撃退した。

ここにおいて西軍が、精鋭を集め和田山を襲撃したので仙兵が多く戦死し、遂に敗れ七曲に退いた。西兵が和田山に上り、屍を集め陣営に火をかけた。これを見て仙の小栗大三郎、平田小四郎らが精兵四十四人をもって左右より襲い、再び和田山を奪ったので会津、二本松の兵が応援に来て陣した。この時、白津七郎兵衛隊が月見山の西軍を破ったので、大松沢掃部之輔が進んで、これに乗じ戦況沢を回復しようとしたが、増田歴治がこれを聞かず、黄昏《たそがれ》に小田川に退いた。また大立目らの一隊が、白坂に進出して黒羽兵を破り、なおも追撃しようとしていたところ大垣兵が来て加わり、かつ大谷地方面が敗れ、西兵に後方を絶たれるおそれが生じたので兵を収め引き揚げた。

五月以来、西軍はしばしば本街道より進出しようとし、列藩兵に撃退され、列藩はまた白河を奪おうとして西軍に撃退されるところとなった。

この頃に至り西軍中に流行る俗謡に、

細谷鳥と十六ささげなけりや官軍高枕

がある。十六ささげ、或いは棚倉佐々木とも唄ったという。けだし西軍が最も苦しんだのは、仙台藩細谷十太夫の衝撃隊（全体黒装束のため烏組と渾名された）と棚倉の十六士である。十六士は、棚倉城主阿部美濃守の臣にして議論がまとまらないため脱藩して精神隊を組織し、大内友五郎が隊長となった（隊中佐々木某という勇士がいた、棚倉佐々木と称されていたという説もあり）。庚申坂口よりしばしば白何に攻め入り西軍を苦しめた。

十二日の戦いにおいて仙台藩の戦死六十七名、負傷二十一名。

(6)白河方面の失策

列藩は、白河城を攻めても勝利を得られず、長引き、対峙することが不利であると考え、大挙して乗っ取る策を講じたとし、六月二十六日、仙台の一門石川大和の一大隊（隊長は泉鱗太郎）が矢吹まで進んだ。この日、大立目武蔵の農兵隊が会藩とともに白坂二枚橋の西軍を夜襲し、首一級を獲て、天明に至り引き揚げた。

細谷十太夫、大立目武蔵らは、会津、二本松の軍と協議し、白河の西の米村口より討ち入ることにし、同二十九日に米村方面に進み、翌日、大挙して白河を攻めることにした。

然るに同日、仙台藩の泉田志摩、増田歴治、会藩辰野源左衛門及び参謀らが協議した。

棚倉が既に陥り、白何より東海岸に至る間に西軍が充満している。かつ七曲の胸壁は、白何から僅かに約二十丁距てるにすぎない。朝暮の進退の機密が漏れるおそれがあるばかりか、守山、三春は、阿武隈川を隔てているので緩急の相援けが得られない。そのため七曲、小田川、矢吹の三ヶ所を捨てて須賀川を本陣とし、時機を待って進撃するに如かずと言う。

これに大松沢掃部之輔は、「小田川は、既に敵に焼かれているのに小田川の人民が、毎夜篝火を焚き、或いは哨兵としてわが軍のために尽くしている。これを捨てるのはよい結果を得るものではない、かつ兵は進むべきものにして退くものではない」と言った。増田は、「二本松と大垣が婚姻関係にあるので、密謀が通じている。丹羽丹波の敗れたのは最も怪しむべきである。退却すべきである」と主張。氏家兵庫は、大松沢と意見が同じで、これを不可として涙をふるい反対。曰く「数か月の久きに我軍は白河に勝利することはできず、藩勢がふるわない。いわんや棚倉が陥り人心阻喪している。これを捨てて遠く須賀川に退こうとするのは人心に背き諸藩の安危にかかることが大きい。進めば勢いを得るが、これを失う。一旦失えば、これを回復することは難しい。今は進むべきで退くべき時ではない。公らは、お願いであるからこれをわきまえてもらいたい」と主張した。しかし、増田らは、受け入れず退却することにした。それとともに矢吹が敵の陣所になるおそれがあるとし、居民に金を与えて放火した。諸軍へ通知もせず同夜の深更に至り、追いて須賀川に屯した（会津の総督西郷頼母らはこれを聞いて、独力をもって白河を攻めると決した）。

細谷十太夫、大立目武蔵らは、仙台の参謀らが須賀川に退却したのを知らなかった。七月一日、細谷十太夫は天神町裏方面、大立目武蔵は元天神に向かうべく、未明、隊を整え、斥候を放ちつつ進んだところ東方に猛火の炎々と上がっているのを見た。増田らの放火とは知らず本道口の列藩軍が進み、白河に火を放ったものと思った。勇んで進発し阿武隈河岸に達し射撃を開始した。これに続いて会津軍が進み、二本松兵も進み、予定の戦線に就こうとした。同時に西軍が猛烈に攻撃してきて右翼の二本松隊を撃破、次に左翼の会津隊も散乱した。このため仙台軍は左右より挟撃される状況となったので射撃しつつ退却した。そこに西軍が、疾駆して強襲してきた。細谷十太夫は大声にて叱咤し、弾丸の間を飛躍した。部下の安藤忠吉、武藤鬼一らは、十太夫の傍らに進み、徒に死ぬべからず、宜しく退いて後図を図るべきと諫め、退却させた。しかも敵が既に四方を囲み逃れる道がない。そこで三人同時に阿武隈川に飛び入り、泳ぎ対岸についた。西軍が迫ってきたが十太夫らに気づいていない模様であったので、三人は山に走り、登り辛うじて逃れた。兵は皆散乱した。

この日、会兵は、金勝寺山より四斤砲をもって白河城を撃ち、一時西軍を混乱させたが、西軍の別隊が羽太、下羽太、関屋を迂回して火を放ったので敗退した。

この日、仙台軍の戦死七名、負傷六名。

(7)七月一日、青葉城御座の間において藩主出座、奥表詰以上を召出し軍評定を行った。

これまでの戦は利がないが、いかに対処すべきか申し出ることで諮られた。始め答える者がいなかったが、ややあって末座に控えていた勘定奉行の某が「わが軍に利がないのは大将がその器ではないからである。適材を選び任ずることが大事である」と発言した。

これに異を唱える者はいなかった。これにより但木土佐が陣代を免じられ、坂英力が名代を、参謀に真田喜平太が命じられた。これに伴い坂に伊達家重代の「月影」の刀を、真田には「康光」の脇差を賜った。

七月三日、藩主が五軒茶屋まで出馬して見送るなか、坂、真田らが出陣した。

坂には、五番大番士一小隊（隊長富塚熊之助）、投旗隊一隊（隊長桜田敬介）、他に伊達安芸の手勢一大隊、聚義隊二小隊（隊長小竹長兵衛）、軍監小島勇紀、真田の手勢一小隊が付属した。一隊は七月十日、須賀川に着した。

七月二日、細谷十太夫は、須賀川で参謀増田歴治と面会し、「なぜ諸隊に通知せず須賀川に至ったか、また矢吹を焼いたか、このため諸隊は死地に陥ったばかりか連合軍全体の不利が回復できなかった。敢えてその理由を問う」と言った。これに増田は、「予は、これより白石に行き罪を持つ。深く詰問しないでくれ」と答えた。十太夫は、憤りながら福島に至ったところ軍事局から「今度は真田が参謀となった。真田のもとで奮戦してくれ」と命じられ、二百石加増、近習兼御徒小姓組頭と隊長を命じられた。

須賀川に帰り、七月十一日、会津藩田中源之助、二本松藩丹羽丹波らと同十二日の軍議を行った。

⑻白河口再度の大敗

七月十二日、同盟軍は、戦法の立て直しを図り、各隊の連携そして初中後の三段三手の備えを整え、合印合詞を定め攻撃することなどとの方策を取ることにした。

この方策に基づき、軍の指揮は、泉田志摩、増田歴治が任じられ、十四日夜九時、宿陣を出発し、根田に着いた。泉田志摩は、途中の大和久より外れ戦地に着かなかった。この日、大雨で泥濘が脛を没するほどであった。十五日、未明に進出する筈であった細谷、大松沢の隊は約束の時間に遅れた。夜明け辰の刻（午前八時頃）となり濃厚な山霧も晴れてきた。この状況から戦いに不利になると考えた真田参謀は引き上げを命じた。しかし、西軍が既に会津兵の関門に迫っており、合図の砲を発すとともに四方の胸壁から大小銃を打ち、繰り出してきたのでたちまち交戦となった。そのなかで投機隊長太田兵弥が流れ弾に当たり負傷した。これを見た増田歴治が単身で退却を始めたため、左右の胸壁の諸隊も潰走した。会津軍もまたとどまることができず退却。総崩れとなり七曲に敗退した。西軍は、猛烈に追撃してきているが、棚倉、月山の両口には予定していた隊が到着していなかった。真山仲太夫隊も持口を開けて退走した。

西軍は、児の口より出て小田川へ回り、同盟軍の後方を絶とうとした。これにより大松沢、大立目らの手勢の初中後の三手の組もたちまち崩壊した。泉田志摩の隊は始めから戦地に来ていない。増田歴治が既に退走していたので、指揮する者がいない。兵は右往左往して散乱した。

この時、大松沢隊が月山口に行かず、この方面に来ていたので、真田喜平太は防御の手筈を示し合わせたものの大松沢は奮戦し、他の道を選び退却した。真田は、会津の軍監とともに乱軍の制止に努めたが、西軍の追撃が猛烈のため手勢で戦いつつ退き、小田川を去る四、五丁のところに差しかかった頃には主従三人になった。西軍は四方に回り左右の山麓より発砲してきた。ここに至って真田は、死を覚悟し自身で銃を取り射撃したが弾丸が尽きた。しかし、幸いにも敵が近づいてきていなかったので小田川駅に駆け込んだが、西軍が既に駅内に充満していて危険な状態であった。身体に数ヶ所の傷を負い疲労が甚だしく、駅の端の石に凭《もた》れ辺りを見回していた。会津兵がこれを発見し、一隊を差し向け、辛うじて七曲に退き、さらに大和久に退却した。

この日の仙台藩の戦死四十二名、負傷二十名。

かくして同盟軍は、再び須賀川に敗退した。真田は、令に背いた将士を軍法に照らして斬首せよと主張したが、従来もこのような例のみならず泉田志摩、増田歴治の如きは統括の大任にあるのに一度も戦い場に臨んでいない。軍法命令に一つも従わず、賞罰もまた明らかにされていない。今日、にわかに軍法をもって断行することは難しい。さらに改めて陣代坂英力より軍令を布告し、将卒に誓わせて進撃すべしと決した。

このように苦戦であるものの懸命に戦っていることを伝えている。なお増田歴治など一部の高官のやる気のなさを率直に記述している。

第四章 東北各地の戦い

一 相馬口の戦い

ここの戦いについて前掲『戊辰役戦史』、及び『仙台戊辰史』及び『仙台藩戊辰史』に記述している。以下これを要約する。

六月十六日、薩摩、熊本、佐土原らの約千五百名の兵が、軍艦三隻に分乗し平潟港（現茨城県北茨城市）に上陸した。平潟は、川越領の飛地で仙台藩大江文左衛門の二小隊が警備していた。大江は、戦わないで泉領新田村に退いた。そのため西軍は、平潟から勿来一帯に進出した。

磐城地方には、平藩（安藤家）三万石、泉藩（本多家）二万石、湯長谷藩（内藤

家）一万五千石、相馬藩（相馬家）六万石などが存在した。

大江が西軍の進出を、湯長谷の仙台藩参謀古田山三郎に急報。また白河の同盟本部にも急報した。

大江は、平藩銃士安藤幸右衛門とともに新田山に拠った。敵襲を聞いた幕府遊撃隊人見勝太郎らが、一隊を率い平城より進発し新田山に向かった。平藩神谷外記も続いて進発し、仙台藩兵は海岸より、平藩兵は山沿いに、幕兵は本道より進発し、翌十七日、西軍と交戦。西軍の薩、大村兵は関田村前方高地に拠り射撃。また海上から軍艦が発砲。そのため同盟軍は新田山に退却。軍艦が小名浜方面に回転しながら射撃した。これを平藩の砲台が射撃し、軍艦に二、三の破裂弾をあびせ、沖合に退却させた。その後、新田山で西軍と対峙した。

六月二十四日、西軍参謀板垣退助が、大砲六門、兵約八百名を率いて郷戸村、関山村の二方面から棚倉城を攻撃した。棚倉藩応援のため棚倉口金山に陣していた仙台藩佐藤宮内隊と会津、相馬の兵は塁壁を築いて防戦した。

その日は、豪雨であった。西軍の銃は元込銃で雨中でも発射できたが、一方、同盟軍の銃の多くは発射できなかった。また道路が泥濘のため進退が自由にならなかった。

同盟軍は、退路を遮断されたので棚倉城に退却した。棚倉藩の主力が、城内には足軽隊三十名足らずが残っていただけだ。西軍に大砲を打ち込まれ城内は混乱し、仙台、会津の兵が引き上げた。棚倉兵は城に火を放ち城外に出た。会津兵は須賀川に、仙台、相馬の兵は笹川へ、さらに中村に退却した。

六月二十八日、仙台藩参政・富田小五郎（桃生郡小野二千石）、参謀安田竹之輔らが歩兵一大隊を率いて長崎丸、大江丸の二艦に分乗し、中之作港（小名浜港の北隣）に上陸した。また大隊長・柴田中務（柴田郡船岡五千百石）らが、陸路より歩兵一大隊を率いて合流した。

平城にいた古田山三郎が、これを知り小名浜に駆けつけ戦いを協議した。まず三方から兵を進めることにし、小名浜口に富田小五郎、平本道に柴田中務、古田山三郎は、城兵とともに山の手の防備に就くことにし、翌日、進撃することにした。

この日、泉城では、西軍が二方面から攻め関田に進出したと聞いた城主本多能登守は、支えきれないとし家族とともに仙台に逃れた。城には一小隊が残り防戦したが、西軍の急襲に支えきれなかった。本多家は譜代、城は陣屋であった。

仙台藩兵、遊撃隊、純義隊そして磐城三藩の兵が、ともに西軍が根拠としている植田村へ進撃した。しかし、大雨で溢水していたため植田の近くを流れている鮫川を渡ることができず、川を隔てて射撃した。純義隊は、植田村に火を放って退いた。

西軍の一隊は、植田村から海岸通りを小浜へ迂回。泉に向かい、他の一隊は、平本道より進み泉城に向かった。藩主が退却したあとであり城は陥落。勢いに乗った西軍の一隊と本道の隊とが相応じ、平藩兵と仙台藩兵の陣の新田山を襲撃。これにより平藩兵らが総崩れとなった。

翌二十九日午前六時、柴田中務隊は、純義隊渡邊綱之助らとともに泉城の奪回のため本道を泉田に進撃した。ところが柴田隊の隊長須田庄九郎が、戦に慣れていないため偵察隊を出さず、また兵の散開もせず一列となって進行した。西軍は、本道の左右の林の中に伏し、また堡塁により仙台兵を包囲する形で突然に射撃した。そのため柴田隊は壊乱、退却し始めた。

参謀古田山三郎が、抜刀して制止したが、容易に止めることができなかった。平城外の大館山に至り、やっと踏みとどまることができた。

西軍が、水田の一路を追撃してきたので、仙台、平の連合軍が大、小砲をもって射撃し撃退した。

しかし、湯長谷城主内藤長寿麿政養が、城を出て平城に入り城が陥落した。内藤家は譜代、城は陣屋であった。

富田小五郎は、泉城を回復すべく平藩の野砲を据えつけ、払暁に小名浜を進発、一里ばかりの泉田に至った。付近の道は、平坦で水田が開け、稲が成長していた。仙台、平兵が河岸に到着したところ、西軍が既に丘に構えていて、突然、大、小砲をもって射撃してきた。仙兵、平兵はこれに応じ、稲草の間から狙撃したが、勝敗が決まらなかった。仙台隊長山家正蔵が、陣頭に進み士卒を励ましていたところ胸部、頭部を撃たれ倒れた。従僕が、その死屍を収めようとしたところ、従僕も撃たれ、次の従僕も同様に撃たれ主従四人が戦死した。

富田小五郎も負傷したが、その頃、仙台、平兵が総崩れとなり、また西軍が迂回して背後に回ったので、仙台、平兵は雑踏となり、小名浜の陣屋に逃げ込んだ。陣屋はたまたま火災が発生、大風に煽られ市中に延焼。老若男女が逃げ惑った。人見勝太郎らの諫めを聞かず、富田は、負傷に屈せず西軍の中に切り込んだ。これに数人が続いて切り込み奮戦したが、同時に撃たれ倒れた。

人見らは四倉に退却。富田は中之作に逃れ、大江艦に敗兵をまとめて収容し、寒風沢に向かおうとしたが、その時干潮のため艦が沖合にいた。隊長加藤金弥ら十四、五名が小船に乗ろうとしていたところ、追撃してきた西軍に狙撃され全員が死亡した。

この報を受けた平藩の執政兼軍事総長上坂が、仙台藩兵の不甲斐なさに切歯し、残念がった。

平城中の兵は、仙台藩兵の歩兵及び砲手それに相馬藩兵の若干の小隊と平藩兵とで六小隊に足りないものであった。作戦を練るに議論が沸騰して結論が得られなかった。そこに米沢藩兵一大隊が応援に現れたので、城中は歓呼した。

諸所に兵を配置し、民家より畳を持ち出して楯とし、盛んに焚火し、城主安藤鶴翁が櫓に上がり四方を見回し、旗指物を夥しく建て並べさせ大軍が籠城しているように装った。六月二十九日夜には防戦の手立てを整えた。

七月一日払暁、西軍が本道、小名浜両道より平城外長橋際に迫った。平藩兵は橋を隔て防戦。城兵は堡塁により射撃、石火矢台より六斤砲、稲荷台の高岳などから榴弾などを乱発して防戦した。また米沢の若林軍監らが短槍を揮って奮戦、一小隊が猛火を冒して突進し、西軍の背後から挟撃したので西軍は総崩れとなり退却。城中は喜び、家老高坂が南瓜を煮て兵士に振る舞った。

五日黄昏、城中に斥候から西軍が湯本に屯集していると報告があった。これにより仙台藩茂庭仲付属壱岐一郎らの隊が、夜襲した。西軍は、不意を撃たれ敗退した。

この戦いで仙台藩の戦死二名、行方不明一名。

行方不明の徒目付原捨右衛門は、夜中、道に迷い西軍に捕らえられた。西軍から、古田山三郎に「国論を翻し帰順せよ。明日まで回答を、回答がない場合、斬られる」との書を送れと命じられた。しかし、この回答がなかった。原は、斬られる前に「斬」は士の恥であると切腹を請い、西軍は、これを壮とし切腹を許した。

米沢藩大隊長江口縫殿右衛門らは、平藩の切に止めるのを聞かず、七月十日、四倉村に引き揚げた。藩から何らかの内意があったものと思われた。

同十二日、古田山三郎は、相馬藩、純義隊らと協議し、去った米沢藩のあとを埋めるべく守備を定めた。さらに高泉源三郎の三小隊、熊谷仲太の一小隊を率いて七本松に屯営した。ところが翌払暁、西軍が前後より潜行して進み、高泉らの隊を包囲して攻撃してきた。高泉は、死地のなか奮戦して西軍を敗走させた。

仙台藩の戦死三名、負傷者六名。

七月十二日、仙台藩古内可守が手勢一小隊、宮床勢一小隊を率い相馬中村に赴き軍事を督励した。石母田備後は、松山勢二小隊を率い長崎艦に、参謀中村権十郎は、四小隊を率い大江艦に乗り、仙台を出発。岩城口の西軍の後方を絶つべく四倉に上陸した。平城中の古田山三郎は、佐藤直之助を四倉に遣わし、城中に迎え入れようとした。これを石母田備後が承諾し、兵の一部を佐藤につけた。さらに兵の補充をと思ったが、艦が既に発進していた。

佐藤らが平城に入ろうとしていたところ、察知した西軍が待ち伏せして攻撃。仙台兵は散乱した。

翌十三日、濃い濃霧であった。西軍は湯長谷湯本を進発し、一隊はウスコ磯より、他の一隊は中之作、七本松より、また湯本、上田の西南より、そして長橋方面より、さらに東方不明門方面よりと各方面から平城に猛然と進撃してきた。

平藩の三田八弥、中村才助、山田省吾らが身を挺してこれに当たった。巳の刻に近い頃になって霧がようやく晴れた。その頃、西軍が城下に押し寄せていた。城中では、追手門内及び三階八つ棟櫓に砲座を据えつけて西軍を射撃した。西軍の薩摩、大垣の兵は不明門を乗り越え、また因州、柳川、砂土原、備前の兵は迂回して才槌門に迫り激しく攻撃してきた。また城西六間門の方より猛進、大砲を発射してきていた。相馬中村藩の相馬将監がこれと戦った。

三方面が同時に激戦になった最中に、空がにわかに曇り、風と同時に雷鳴、篠の突く大雨となった。城中では上坂総長が自ら薙刀を振るい城兵を指揮した。城中の会計などの事務担当者に至るまで銃を取り全員が戦った。また城内に着弾があるたびに筵を水に濡らしてこれを覆い発火を止め、楼門を巨弾に破られれば米俵をもって覆うなど、小銃弾が、雨あられの如く、樹木の葉を射落とす如く激しかった。

この日、四倉に屯集している米沢藩兵に、平藩から応援を求める使者が駆けつけた。また続いて仙台藩古田山三郎も要請に赴いたが、応援に出動しなかった。米沢藩は、この頃、既に列藩同盟から離脱の準備をしていた。

平城兵は、激戦に耐えていた。門の守備も破られ支えきれなくなっていたが、西軍も深夜に至り攻撃の手を緩めた。城外で戦っていた兵が戻れず、八方に散乱していたことなどから城兵が少なくなり、相馬藩兵の二小隊のみとなった。

安藤鶴翁は、近侍の士と純義隊の兵と主従十余人に護衛され、城外に逃れた。

城内の糧食は四、五日分のみ、砲弾は二十二、三発、銃丸が二千発余のみとなった。

城を死守すべしとの意見に対し、相馬将監は、弧城を死守するは大計にあらず、奥羽は広い、相馬境により決戦すべしと説いた。諸士は涙を揮って城北の戸張門より城外に出た。この時、城中の一角より発火、翌朝まで燃え続けた。

この日、仙台藩兵の戦死七名、負傷四名。

安藤鶴翁は、相馬の興仁寺を仮宿し、その後、仙台に入り石川大和邸を寓居とした。また笠原壱岐守（唐津藩主、元老中）、本多能登守（泉城主）も仙台に入った。とし、平城兵の奮闘を記述している。

以下平藩の当時の状況を補筆する。

安藤対馬守信正は、大老井伊直弼ののち、久世大和守広周との久世安藤幕閣の中心老中として皇妹和宮の将軍徳川家茂降嫁を実現させ、また外国との協調路線を取った。これが尊攘派から幕府勢力の挽回を図るものと非難され坂下門外で襲撃され、それが因で老中を罷免され、隠居の処分を受けた。また孝明天皇を退位させるべく国学者塙次郎に廃帝の先例を調べさせていたとの噂から薩摩の島津久光の暗躍で老中を追われたとの説がある。安藤信正は、隠居して鶴翁と号してもこれまでの経緯から新政府に就くことはあり得ないことである。

養嗣子の信勇は、信州岩村田一万五千石藩主内藤正誠《まさのぶ》の弟。内藤正誠は、東征軍に参加していた。この関係から平藩では、叔父と甥とで別れることになった。

当時、多くの藩、中でも弱小藩では朝廷派と佐幕派とでいずれに就くか去就についての抗争があった。

新政府が、奥羽追討として、軍艦七隻で平潟に来航するとの情報があった。泉、湯長谷、平藩などで防御線を張っていたが、主力となるべき仙台藩は、平潟港の防禦を怠っていた。また三隻の軍艦が現れるや仙台兵が陣地を放棄したともいわれている。

戦いで平市内は焼失した。そのため市民は、肉親と離れ離れとなり消息不明となる悲劇が生じた。平藩士の天田愚庵もその一人で、母親と妹の行方を諸所に尋ね、放浪歌人として、また山岡鉄舟の紹介で清水次郎の養子となり、次郎長一代記の『東海遊侠伝』を著したことでも知られている。

二　二本松城落城

この戦いについて、前掲『戊辰役戦史』および『仙台戊辰史』より、以下要約する。

七月二十六日、三春五万石城主秋田万之助（映季）が城外に出た。その後、西軍板垣隊が入城した。無血開城である。

秋田氏の祖は、安倍貞任と称する安東氏。秋田北部を領し、秋田城介に任じられ慶安二年（一六四九）俊季が、常陸宍戸五万石から三春に転封。当時の城主秋田万之介は、十一歳であったので叔父秋田主税が後見していた。藩論が尊王、佐幕で分かれていたが、鳥取池田家や肥前大村家と縁戚関係にあったので新政府側と接触を図っていた。しかし、列藩同盟に加盟し、白河城奪回に参加した。七月十六日、棚倉城を奪回しようとした同盟軍が、浅川村で西軍を襲撃した際、三春藩兵は、同盟軍を背後から攻撃した。そのため特に仙台藩兵が苦戦し、砲五門を失い退却した。

三春藩が西軍に寝返ったことで、同盟軍内では討伐せよとの声もあった。そこで仙台藩氏家兵庫が反盟か否かの確認のため三春に赴き重臣と面会したところ、「三春は裏切ることはない。先日の発砲は、一時の錯誤であった」と弁明を受けた。

三春藩の反盟と同時に守山藩も反盟に踏み切った。七月二十七日、三春、守山藩は、西軍の二本松城攻撃の案内役となった。三春が反盟に走ったので、二本松藩は、城を固めるべく、伊達の大木戸に備えを立て、同盟軍が力を合わせて防戦することを決した。

仙台藩細谷十太夫隊が、七月二十六日、安積山に進出したが、西軍が本宮に繰り込む動きがあり、本道を通行することが困難な状況にあった。そのため友軍の集中を待った。侠客川村今助隊と三浦源太夫隊が合流したので、そこで進路を協議したところ、本道を進行すべしと、迂回して本宮の北端に出て二本松の状況を見て進行すべしとの意見に分かれた。細谷隊のみ迂回策を取り本宮に出た。

そこで、細谷隊と本宮に進行してきた西軍が遭遇し戦闘になった。ところが突然、細谷隊の背後に兵が出現した。友軍の会津兵と思っていたところ西軍であった。背後から撃たれ、細谷隊は苦戦に陥った。これを塩森主税、大立目武蔵隊が援けに出たが、これも地理に詳しい三春、守山隊が、間道を回り同盟軍を挟撃した。そのため細谷隊は、次第に追い立てられ山中に駆け込んだ。また同盟軍は高倉山に敗退し、本宮が西軍に占領された。

この戦いによる仙台藩の戦死四十四人、負傷三十四人と多くの犠牲を払った。

三　二本松少年隊

二本松においても会津白虎隊と同様に少年たちの戦いが伝えられている。これについて『物語二本松少年隊』（青木更吉著）より、以下要約する。

七月二十七日、西軍は、二手に分かれ二本松に向けて進攻した。この動きを知り大谷鳴海隊の二個小隊が、郡山から本宮に移動した。西軍の板垣隊と大谷鳴海隊とが阿武隈川渡河に際し銃撃戦があった。銃火器に劣る二本松兵は城に退却した。

二本松藩の兵力は八番組まで編成され一個隊の総計二百九十二名、八番組の総計が二千三百人余である。

七月二十六日現在の各軍配置は、

第一、第二、第四番組が二本松に。

第三番組（樽井弥五左衛門）三春警備のため糠沢村へ。

第五番組（大谷鳴海）白河を退いて郡山へ。

第六番組（大谷与兵衛）浅川から小野へ、敗れて郡山へ。

第七番組（高根三右衛門）白河から郡山へ。

第八番組（丹羽右近）白河から須賀川付近へ。

二本松危うしの報により白石から急遽帰城した、家老丹羽一学の「節を守る」との主張により決戦を決した。

七月二十九日未明、西軍の約二千五百名のうち大村藩士の渡辺清左衛門隊が、小浜を出て供中口から、土佐兵を主力とする板垣退助隊が、本宮を出て大壇口からと二方面から二本松城下へ進撃した。

城主丹羽長国夫人、先代藩主夫人、家中婦女子たちは会津へ逃れ、病気中の城主は、重臣達の説得で米沢に入った。

二本松藩の兵力の三分の二は郡山、須賀川に出陣していた。城を取り巻く防衛線の十五拠点に二十一小隊を配置した。一小隊が二十五人とすると約五百人である。それに応援の仙台藩兵三個小隊、会津藩兵五個小隊で計千名程度であった。

供中口を守る樽井隊に一四センチ臼砲があり、十三歳から十五歳までの少年隊三名が、高田口を守る高根隊にも三名が従っていた。

大壇口の前方尼子台を小川平助隊が守備していた。

七月二十九日午前八時頃から、西軍が尼子台を攻撃した。三方面から包囲攻撃し、携臼砲で射撃して制圧した。その後、大壇陣地の右翼を包囲する如く攻撃前進した。この攻防戦における最も熾烈な戦いは、大壇口であった。藩史は、「城南第一の要地にして、奥羽街道を扼し、左右は樹林鬱蒼たり。坂嶮しく、地険に、我が兵胸壁を廻らしてこれを守る」などとしている。

大壇口を守るのは、丹羽右近と銃隊長木村銃太郎が率いる銃隊である。隊長木村銃太郎（二十二歳）、副隊長二階堂衛守（三十二歳）以外の隊員は、十二歳から十八歳までの六十一名であるが、大壇口に出陣したのは隊長以下二十一名であった。

二本松藩では、二十歳から成人として出陣することができるとされていたが、入れ年といって十八歳でも二十歳として届け出ることが認められていた。またこの時多くの少年は、十五歳で元服をすまして諸隊に配属されていた。残った少年は砲術指南木村貫治の長男銃太郎の門下生である。

西軍が、大壇口に迫った。守る丹羽右近隊は、三個小隊約七十五名であり、攻撃側の西軍は、約二千五百名といわれている。

少年隊の大砲は、四斤野砲で射程距離は一〇〇〇メートル程度である。少年隊の射撃命中度は正確なものであったと伝えられているが、西軍の大小砲の射撃は激しく、丹羽右近隊の銃隊は押され、後退した。また城の東方の供中口を守備していた樽井弥五左衛門の二個小隊も敗れたとの情報から、少年隊の前線にいた丹羽右近隊が守備のため城内に入った。

戦いで少年隊は戦死或いは負傷者が続出した。木村隊長も左腕に銃弾の貫通創を受けた。西軍が迫ってきているので後退が止むなきに至った。集合を呼びかけていた木村隊長は、次に腰部を撃ち抜かれた。部下が木村の首を持って退却し、二階堂副隊長を中心にして香泉寺に向かう途中で二階堂副隊長も撃たれ倒れた。さらに一斉射撃を受け、残った少年隊は、ばらばらになり逃げた。大壇口で戦死した少年隊員は隊長以下十六名というが実数はもっと多いという。少年隊は奮戦した。

西軍は、東西から二本松城下に進入した。城内では丹羽一学ら重臣七名が自刃し城に放火した。正午頃、城が炎上した。

戦闘は激しかった。戦死三百三十七名、負傷者七十一名、郭内で約七十名が戦死している。

自刃を嫌った城代内藤四郎兵衛、旗奉行高橋九郎らは、一族を従え城門を開き、敵陣に斬り込んで戦死した。

戊辰戦争で城と運命を供にして自刃し、士道を貫いたのは二本松藩だけであったと伝えられている。

以下補筆する。

二本松藩の藩祖は、織田信長の重臣で柴田勝家と並び称された丹羽長秀である。次の長重の時に改易されたが、常陸古渡一万石で再興、棚倉五万石を経て寛永四年（一六二七）白河十万石、次の光重が寛永二〇年（一六四三）二本松十万七百石に移封された。

藩主長国夫人久子は、大垣藩主戸田氏正の娘。縁戚関係から大垣藩と連絡が取られていた。朝廷に恭順するか、戦うか議論があった。家老丹羽一学の奥羽越列藩同盟の信義に背くことができない節を守るべきとの主張が藩論を統一し、西軍と戦うことになった。七月二十八日、一日が休戦状態であった。これは二本松藩の去就を見定めるためであったという。

二本松城は別名霞ヶ城、通用門前の自然石に、

戒石銘

爾俸爾禄　なんじの俸　なんじの禄

民膏民脂　民の膏　民の脂

下民易虐　下民虐げられ易く

上天難欺　上天あざむき難し

寛延己巳之年春三月

と刻まれている。

二本松の戦いで仙台藩の戦死四十四名、負傷三十余名の犠牲を払った。

二本松城の落城に伴い須賀川の仙台藩は、奥羽街道を中断され孤立するおそれが生じたので、坂英力の指揮のもとで会津を経て米沢に入り、七ヶ宿街道から白石に帰国した。

四　相馬中村までの戦い

この戦いについても前掲『戊辰役戦史』などの記述により、以下要約する。

平城が落城するや、同盟軍は相馬方面に後退した。西軍の一手は三春方面に、他の一手が北上し相馬方面に進軍した。

七月二十三日薄暮、西軍が大挙して広野街道を進撃した。旧幕の春日左衛門、仙台藩中村権十郎参謀ら六小隊が徹宵防戦し、阻止した。翌二十四日朝まで決着がつかずお互いが引き揚げた。

二十五日、西軍の因州五小隊、砲二門と芸兵三小隊程度が陣地を急造した広野駅の海岸の近くに右翼が、海岸から下浅見川、本町を経て左翼が、標高九〇メートルの高地に陣地を設けた。この防御を見た同盟軍は、後退した。

二十六日早朝、同盟軍が攻撃し、西軍は辛うじて陣地を保持していた。そのうちに急報により、四ツ倉付近にいた長州二中隊と岩国一中隊が正午頃駆けつけた。仙台藩兵は二手に分かれ、そのうちの一手は本道より、他の一手は浜手から進んだ。一隊が、城戸駅弁天山の西軍の隊を攻撃した。隊長の太田新六郎が、敵数名を倒し、勢いに乗じ猛進したところ弾丸に胸を撃たれ戦死。仙台藩中村権十郎が、攻撃方法を変えようと岡に上がったところ弾丸に胸を撃ち抜かれ戦死。これにより仙兵は敗退した。

この戦いで仙台藩参謀中村権十郎ら六名が戦死、相馬藩上級指揮官相馬胤真が重傷、その他仙兵十七名が負傷。

七月二十八日、同盟軍は、浜街道東側海岸熊川部落付近に仙兵主力四小隊が胸壁を設け守備に、街道正面に相馬、米沢兵が守備についた。

西軍が、浜街道を北上してきた。これを米沢、相馬藩の二藩が、山の手から攻撃したが、西軍主力の長兵に不意に突っ込まれ、相馬兵は周章し、ろくに戦闘もしないまま後退。それに伴い米沢兵も敗退した。仙兵の武田安之助らの隊及び砲隊、槍隊が東浜手の備で戦っていた。胸壁の仙兵に西軍が突然抜刀して斬り込んできたので斬り合いとなった。安田は、西山の麓に向かおうとしていたが、撃たれ倒れた。仙兵の本陣の古内可守、笠原中務らの隊も銃を捨てて刀槍を持って戦いつつ敗兵をまとめようとしたが、西軍の追撃に苦戦。この日の戦いで仙兵の武田他二名が戦死、三名が負傷。

七月二十九日、西軍は浪江に向かって前進し、高瀬川を挟んで相馬兵と対峙した。高瀬川は連日の雨で水嵩が増し徒渉がやや困難であった。西軍は、援護射撃のもと橋梁を渡って左岸の堡塁を攻撃したが、頑強な抵抗にあい戦闘が二時間あまりの午後六時頃になった。相馬の応援隊が、突然西軍の左翼に現れ、真側面から攻撃した。これは西軍の全く予期していないことであったので慌てて後退した。退路は橋梁だけであり、犇《ひしめ》き合って退走した。これを見た相馬兵は堡塁から踊り出て背後から斬り込んだ。西軍は悪戦苦闘し、辛うじて引き揚げた。西軍の筑前兵は、砲二門、銃器十八挺を失い戦死十名、負傷四十一名、津兵の戦死五名、負傷九名を出したのに対し、相馬兵は戦死八名、負傷七名であった。

八月一日。西軍は、計画を練った。

長、芸兵を第一線として高瀬川の橋梁を前進する。他の一隊は、高瀬川下流を渡って同盟軍の左翼の幾世橋（浪江の東）を攻撃する。長、岩国の各一中隊は、早朝浪江の西方を迂回して同盟軍の背後に出て、正面兵と策応して浪江の同盟軍を挟撃するというものである。

正面は、同盟軍の堡塁が堅固のため容易に進撃できなかった。高瀬川下流を渡河した隊は、やや時間を費やしたものの幾世橋付近の同盟軍を攻撃した。西方迂回隊は、浪江駅西方に出で西台の高地にある相馬隊の砲台に突っ込んだ。不意を襲われた相馬兵は、忽ち四方に逃げ散った。西軍の長兵の死傷はなく芸兵の戦死二名、負傷十三名で損害が少なかった。相馬兵の戦死者は十二名、負傷一名で死傷が少なかったが、隊そのものが壊滅状態に陥った。

仙兵は相馬中村以北に後退し、米沢兵は帰国に就いた。

五　駒ヶ嶺・旗巻峠の戦い

七月二十八日の熊川における戦いで、相馬兵が同盟軍を不利な状況に導いたとして、仙台藩は相馬藩の動向に疑念を抱いた。相馬藩から人質を取るべしとの意見があった。これにより列藩が協議し、八月二日、相馬藩の真意を確認すべく古内可守（加美郡宮崎邑主三千二百石）、遠藤主税、木村又作を相馬城に遣わした。藩主誠胤の父で後見役の充胤と面会し、難を仙台に避け再挙を図るべしと申し入れた。しかし、充胤は拒否し「城を枕に斃れるのは武門の本分である。誓って城を去らない」と言い誠意ある態度を示した。

ところが、その後仙台藩は、相馬藩が仙台藩を討つとの西軍に差入れた誓書を入手した。この謄本を携え相馬を詰問すべく、八月六日、仙台藩木村又作らが相馬中村において相馬藩重臣多々部藤蔵、鈴木武衛門と面談した。

相馬藩は、「反盟はない。誓書は偽である」と抗弁し、「老公夫妻を仙台城に移られることについては主君に報告する。明日、卯の刻（午前六時）に回答する」とした。

翌七日、相馬藩多々部が、約束の時刻に来たものの、相馬藩は昨夜、西軍千名余を城中に入れた。反盟と言われるが、仙台藩こそ盟主であるべきであるのに熊田の戦いで相馬藩を孤立させた。また熊川の戦いでも先に後退したのでないか、これらは盟主の責任に悖るものではないかと反論した。この議論がまだ終わらないうちに相馬藩が砲声三発を放った。これが開戦の合図となり仙台藩使者が去った。

この日払暁、仙台藩安田竹之輔らの隊は本道を、鈴木弥右衛門らの隊が右側間道を進み、相馬兵及び西軍と戦った。西軍に勢いがあり、本道口の仙兵が苦戦した。これを聞いた鈴木隊が本道口の軍と合体して奮戦した。また西軍に包囲された隊を鈴木隊が援け、奮戦して西軍を撃退し、国境駒ヶ峠に後退した。

仙台藩の戦死九名、負傷十三名。

陸前浜街道は、相馬中村城から北上し、駒ヶ嶺、新地、坂元、亘理、岩沼、仙台。中村から約七キロで仙台藩領に入る。他の伊具街道は、相馬、旗巻峠、金山、丸森、角田、岩沼、仙台である。

藩境に標高約五〇メートルの駒ヶ嶺がある。そこに宮内土佐の館がある。また中村城の北西に標高約二六〇メートルの旗巻峠がある。中村城はこの峠の眼下にある。駒ヶ嶺と旗巻峠に至る線は、仙台藩領と相馬藩領の境界で、駒ヶ嶺館と旗巻峠の間に東西に連なる丘陵が防御線である。

仙台追討総督（八月十三日付奥羽追討平潟口総督と改称）四条隆謌、参謀木梨精一郎、同河田景与の下の兵力は、長州藩八百名、福岡藩四百名、広島藩四百名、鳥取藩三百名、津藩百名、熊本藩五百名、徴兵七番隊五百名位、久留米藩不明、中村藩五小隊、一砲隊人数不明であるも約三千名。

仙台藩は、旗巻口総督参政鮎貝太郎平（本吉松岡千石）大隊長高平彦兵衛、副参謀塩沢武司、副参謀兼隊長細谷十太夫、歩兵総十五小隊、砲兵ら計千二百名である。

駒ヶ嶺総督執政石田正親（千五百石）、副総督石田備後、同松本虎之助、同松本智之進、大隊長松岡主税、歩兵三十四小隊、砲兵ら計約二千名。

八月八日、西軍が駒ヶ嶺関門を攻撃した。仙兵は、死傷者四、五名の犠牲を払い奮戦し、撃退した。

翌九日、西軍が駒ヶ嶺の東の今神、今泉の間に進出したが、仙台大隊長鈴木直記が、これを討って退けた。仙台藩死傷者五名。

八月十一日、西軍は、駒ヶ嶺を砲撃可能な椎木の高台に砲兵を集結させ、長州兵一中隊を主力とし、また東の海岸沿いに福岡藩、鳥取藩兵を配置し、西二・五キロの菅谷に久留米藩を配置し、三方面から駒ヶ嶺に進出する構えを取った。これら三方面の各隊に中村藩兵を先導役として配置した。

仙台藩は、駒ヶ嶺館において総帥石田正親が指揮を執る。山手の菅谷方面に伊達藤五郎（亘理二万四千二百石）と金須内蔵之允隊、その東の曹善堂に伊達筑前（登米二万石）と鈴木弥右衛門隊、駒ヶ嶺関門に加藤金弥隊、海岸は鈴木直記隊と布陣を取った。

同日早朝、西軍は、椎木高台の砲台から砲撃を開始した。仙台藩兵も駒ヶ嶺北背の高地から砲撃し応戦した。西軍の砲撃の命中精度が優れており、仙兵は、殆ど塹壕に身を隠すことしかできなかった。右翼の筑前兵は、田畑の開けた土地を前進したが、射撃され、また深田のため前進が困難であった。仙将石田正親、遠藤主税が駒ヶ嶺の左右の山から指揮し、西軍が後退する場面があったものの、そのうちに西軍が駒ヶ嶺と曹善堂口との間の手薄な箇所を突破して高台に上り、仙兵の背後から攻撃し始めた。これにより筑前兵も前進し、一部は高台に上り、長兵と連携して駒ヶ嶺関門に迫った。

そこで砲撃戦を取りやめ白兵戦となり、西軍が駒ヶ嶺館を占領。退却する仙兵を新地まで追撃したが、夕刻となり駒ヶ嶺に引き揚げた。

菅谷口では伊達藤五郎隊が西軍と激戦し、一時、椎の木山を略取したものの浜の手の伊達筑前隊が敗退し、西軍が駒ヶ嶺館の背後に迫ったので挟撃をおそれ館に退き、さらに後退した。

海岸道方面の主力は、肥後兵約四百八十名と因州一中隊、砲三門、それに相馬兵は今神付近の沼地を避けて砂州に上陸した。

これに対し仙兵は、小高い丘に陣地を構築し、防戦したので前進できなかった。西軍は、相馬の砲撃の援護のもと舟で退却し、原釜付近まで後退した。

午後四時頃、駒ヶ嶺方面に火の手が上がったので西軍は勢いを得て再び舟で砂州に渡ったが、仙兵が退却したあとであったので守備兵を置き原釜に戻った。

仙台藩兵もこの頃になって戦術を運用するようになり、部分的では西軍を相手に力戦した。しかし、降雨のため仙台藩の旧式銃の威力が発揮できなかった。また旗巻隊の守備との連携を図るべきであるのに旗巻隊は動かなかった。

この戦闘で仙台藩は戦死三十二名、負傷者遠藤主税の膝の貫通、大立目下総の股貫通を含め七十八名。西軍は、戦死二十六名、負傷百六十名である。白兵戦があったので両軍の戦死傷者が多かった。

仙台藩は、駒ヶ嶺を失ったことで藩領内に侵入されるおそれが生じた。これまで領外で戦争をしても、領内で戦争することはなかった。それればかりではなく藩祖政宗の土地を踏み荒らされることは恥であった。

八月十三日、仙台藩は軍議所を坂元に移し、軍議を開いた。

十六日、駒ヶ嶺を奪回するとし、仙台軍は、三十四小隊（約二千名）を主力とし、応援を含め約三千名が駒ヶ嶺本道、曹善堂口、今泉から前進する。もう一隊は、大隊長高平彦兵衛、参謀鮎貝太郎平らの約千二百名が旗巻峠を下り、西軍の拠点となった相馬中村城へ攻め込むという戦略を取った。

西軍は肥後藩、久留米藩、因州藩、芸州藩、津藩、長州藩、徴兵隊それに相馬中村兵の計約二千名をもって配備した。

三道を進撃した隊のうち、本道は、伊達筑前、伊達藤五郎隊を先鋒とし駒ヶ嶺館を攻撃し、館の外郭を乗っ取ったものの、本丸の攻めは守備の因州兵の抵抗にあい苦戦していた。これを応援すべく旗巻方面から細谷隊が突進したが、西軍は、芸州兵が応援に駆けつけ左側面から攻撃してきたので仙兵は敗走した。また大雨となり仙台藩兵の火縄銃の威力が少なくなった。

仙兵は、退却し始めたところ西軍の一斉射撃にあい多数の死傷者が生じ、福田まで退却した。

この日の戦闘で西軍の戦死者三名、負傷者二十一名、仙兵戦死者三十八名、負傷者四名。

西軍は、のちの野戦病院のような施設を有していたが、仙台藩では負傷者を仙台まで護送しなければならなかったので負傷し死亡に至るものが多かった。

旗巻峠の鮎貝隊は、動かなかった。しかし、本道から西軍が殺到してくることが予想された。そのため急遽数十の堡塁を築いた。

八月二十日午前八時頃、仙台藩鈴木直記と茂庭三郎（松山一万三千石）隊が、釣師浜南方台上の西軍前哨陣地を攻略し、さらに南下して今泉の北方高地の西軍陣地を攻撃した。

守備の津藩兵は、当初、防戦一方であったが、午後三時頃になって大洲藩兵、さらに長州藩兵が応援に入ったので、仙兵は、釣師浜に向け退却を始めた。そこに駒ヶ嶺からの応援隊によって退路を絶たれ挟撃を受けたので仙兵は海中に逃れる者が続出。溺死、また撃たれたので茂庭隊は壊滅状態に陥り、釣師浜まで退走できたのが半数ほどであった。

本道の中央隊の出撃に手間取っていた。その間に春日左衛門が率いる幕府歩兵隊六小隊が、仙台藩今田虎太郎隊とともに駒ヶ嶺を攻撃したが、守備の長州兵と応援の岩国隊が持ち応えたのに対し、仙兵の兵力が不足と雨のため古式銃の威力がなく退却した。

幕府陸軍の春日隊は、統制が取れていて戦に慣れた戦いぶりであったというが、詳細はよく知られていない。春日は、幕府撤兵隊頭。彰義隊に第二横隊長として参加。その後、彰義隊頭取池田長裕とともに平潟に上陸。陸軍隊長として常磐各地で戦い、仙台藩が降伏したあと、榎本武揚と合流し函館で戦った。

中央隊の大河内源大夫隊は、長清水原、谷地小屋の西軍を攻撃し、伊達筑前の登米隊も攻撃に参加したが、雨のなか古式銃での戦闘のためやがて敗退した。

旗巻方面では鮎貝太郎平、高平彦兵衛らが山上から大砲をもって椎木、大坪間の西軍を攻撃したあと、高平らが、二小隊を率いて曹善堂より進撃し、筑前兵の塁を破ったが、長州、芸州の兵が左右から攻撃してきたので後退した。

鮎貝隊が、額兵隊からアームストロング砲を借り出していたというが、これを使用したか、威力がどうであったか不明である。

この日の戦闘による仙台藩の戦死六十二名、負傷四十八名。

西軍は、続々と応援の兵力が集結した。これにより九月十日を期して攻撃することにした。

一方、仙台藩は約十六小隊で防備し、本道初野口に数線に渡る陣地を構築し、左右山頂にも陣地を構築し防備を堅固にした。

九月十日払暁、西軍は、旗巻東方山地の仙兵の陣地を不意に攻撃し、占拠した。しかし、これをきっかけにして仙兵から近くの山上から下射され苦戦となったので、ひそかにこの陣地から離れた。

同日夜、西軍は、駒ヶ嶺本道に深く進入したため後方を遮断されるおそれが生じたが、羽黒山を攻撃し、これにより旗巻を襲撃しようとした。

仙台藩高平隊は、相馬中村の背後を葉山の間道を抜け奇襲しようとした。ひそかに選抜隊を募り羽黒堂付近に進出した。西軍も長兵を主力に、相馬兵に案内させて進軍した。風雨激しい闇夜であった。

西軍が、同盟軍と椎木山で遭遇し激戦となった。西軍の一部は迂回して仙兵の鬼石の胸壁を攻撃、守備の仙兵と激戦となり、西軍の他の一隊が、鬼石の後方に突進し白兵戦となった。兵力の少ない仙兵は退却。第二の胸壁の兵も戦ったが、迂回して山上に達した敵から射撃され苦戦、やがて散乱した。

仙台藩兵の戦死十六人、負傷十一人。

この日の戦いで仙台藩は槍術家として知られている前島勘太夫が槍を揮って単身敵中に入り奮戦し、三人を倒し十一人に負傷させたが、槍が折れ斬り殺された。

この勇武を西軍も賛美するところとなり、西軍は、首に槍を添えて仙台藩陣に送った話が伝えられている。

仙台藩境における戦いで領内に侵入される恐れが生じた。前線でも降伏を望む意見が生じた。藩内も主戦論と恭順降伏論との議論が活発となり、藩主慶邦の決断により降伏することになった。

六　秋田の戦い

この戦いについて前掲『仙台戊辰史』の記述により、以下要約する。

五月二十三日、仙台藩梁川播磨が、歩兵五小隊を率い新庄に向かった。また但木左近、中村宗三郎らをして藩境の尿前、寒風沢の守備につかせた。

六月二日、梁川隊は、新庄藩内及位《のぞき》に進軍した。秋田藩は、総督府が秋田入りした頃から態度を変え庄内討伐に向かうとの情報がもたらされていた。これは同盟に反するものであるので、仙台藩は、確認する必要があるとした。

秋田藩使節が、仙台藩本陣において異志がない旨を弁明したので、播磨はこれを容れて進軍を止めた。

ところが七月四日、秋田藩勤王派が、旅宿を襲い仙台藩使節志茂又左衛門ら七人を斬殺した。

翌五日、秋田藩は、荘内征討として海岸通りに秋田藩兵と佐賀藩兵らが、本荘より庄内三崎に向かい、院内口は長州、肥前、豊前各藩の兵にて南下した。

七月十一日、同盟を脱退した新庄兵が先鋒となり、秋田藩兵らが、仙台藩本陣を不意に襲撃した。仙兵は、同盟軍である庄内、米沢の各兵とともに防戦したが敗れた。播磨は負傷し、軍監五十嵐岱助も負傷、ともに徒歩退却していたが新庄の反盟と敗北を恥とし、路傍において両人は互いに刺し違え死亡した。

播磨の家来が、主人の首級を探して長州藩陣所に至り、応対した桂太郎から首級を示され確認したが、主人の母からの用件を伝える術がなくなったので冥府において伝える首を刎ねてくれと懇願した。桂太郎は、これを許さなかったが、何回も懇願するので行動途中で部下が斬殺したと伝えられている。また、播磨が乗り捨てた馬を肥前藩隊長が、自分の乗馬として使用し、戦後、佐賀まで率いて帰った。

仙台藩戦死三十五名、負傷九名。

七　新庄の戦い

新庄藩は、同盟に参加したことで庄内藩に三〇〇丁の分与を申し出た。庄内藩家老松平権十郎は、同盟の誼をもって七月上旬に酒田において弾薬とともにこれを引き渡した。ところがその直後、新庄藩は盟約を破り薩長兵を引き入れ庄内討伐に出た。庄内藩は大いに怒り新庄藩を屠るべしと決した。

七月十三日、新庄藩兵を先鋒として西軍が船形（新庄南八キロ）に進撃してきた。庄内酒井吉之丞隊が、これを迎撃し破った。

その夜、松平甚三郎隊の応援を得て、翌十四日、新庄に進撃し西軍と激戦。庄内兵の一隊は敗走したが、酒井隊が新庄城下間近に迫った。新庄兵も西軍とともに防戦し白兵戦となった。庄内兵も苦戦。そのなかで酒井吉之丞が抜刀し部下を叱咤して斬り込み殺到し、市内に放火した。新庄兵は散乱。新庄城主戸沢正実は城に放火して秋田方面に立ち退いた。

庄内藩は、新庄を破った勢いから秋田に攻め入ることにした。

そのため仙台藩は、伊達弾正（岩出山一万四千石）の三小隊、国境警備の参政中村宗三郎、参政但木左近らの隊、それに白河口から転戦させた今村鷲之介、亘理大吉、伊達安芸家来亘理東吾、坂本半左衛門、柴田中務、瀬上主膳らの隊と砲十七門加えて米沢藩隊長本荘大和、参謀宮島専門の兵七百余、天童、上ノ山、山形の兵総勢二千人余をもって攻撃することにした。

戦略として、
本道は、虚勢を示して出動せず、大瀧間道より二大隊を繰り込み塩根坂の後方に出る。

とし、米沢、天童の兵は蟻谷口に屯する。庄内、山形の一部隊は塩根坂の西軍を牽制。仙台兵は金山を守備する。

と配置。庄内の松平、酒井の隊は二十四日大瀧間道を進撃し及位に迫る。その時に、本道口の兵も進撃し及位の攻撃に加わり、これを占領し、その後、院内に攻め入るとした。

しかし、本道の攻略は困難であると考えられたので、松平隊が塩根川を通り中村越えを、酒井隊は、銀山間道を攻め入ることとした。

二十七日、松平隊は険を攀じ登り、中村に出て薩長らと戦い、蟻谷から進撃してきた米沢の本荘隊と合流し、西軍を破り中村を占領した。

本道の庄内兵は、赤倉、及位に進撃したものの退き、酒井隊の進路が、険山難路のため遭遇した長州、肥前、豊前、秋田の兵と激戦となり、苦戦、岩坂山麓に退却した。

二十九日、松山隊が、萩楯山にて西軍の大軍と早朝から黄昏時まで戦闘。相引となった。

八月朔日、再び萩楯を攻めたところ西軍が引き揚げたあとであった。しかし、西軍が大挙して横堀方面から北へ退却していたので、これを追い秋田領横堀に入った。伊達弾正隊も銀山口を進み西軍を破り、黄昏時に及位に引き揚げた。

秋田藩院内と横堀の守備隊が、居館を焼くなどして退却したので仙台藩兵は容易に秋田国境を越え侵入することができた。

先に今村鶯之介、亘理大吉隊は、庄内、山形、上ノ山の兵と及位から進撃し院内に入った。

また八月二日、中村宗三郎隊も鬼首の険を越え院内に、伊達弾正ら隊も院内に入った。三方から進撃し、西軍を破り湯沢に入ったが、湯沢守備隊は既に退去し兵器類が散乱していた。

次に同盟軍は、湯沢から横手を目指して進撃し、横手に迫った。

秋田藩は、佐竹義尭が由利郡新屋口に、副総督澤為量が仙北郡方面を担当し出馬した。

八月八日、副総督澤が平鹿郡に入ったところ、諸隊が、秋田第一の要害である院内で敗れ、湯沢、岩崎も陥り同盟軍が十文字、浅舞に迫っている。横手城もまた三日も保つことができないだろうと予測された。そのため澤は諸隊を神宮寺駅まで退却させた。

横手城主戸村十太夫は、秋田藩代表として白石の奥羽越列藩同盟に出席していた。そのため藩において同盟を脱退する論が生じた際、藩主義尭を諫言したことから譴責を受け退隠していた。

戸村は、同盟軍が横手に迫っていると聞き、城を枕に討死を覚悟したが、藩に含むものがあるのではないかと疑われることを嫌い、ひとまず城下で戦い主家の前途を見届けてから生死を共にしようとし、立てこもった。

同盟軍が、十一日をもって総攻撃と決め、庄内藩松平甚三郎が馬鞍村に、酒井吉之丞が浅舞村に、仙兵は、馬鞍村の西方から西馬音内村に入り、三方より攻撃することにした。

同盟軍が、攻撃に先立って城内の内情を探ったところ秋田兵が逃走し、戸村の子が残っているという。酒井吉之丞は、大学の人物を惜しみ松平甚三郎と謀り投降を奨める書を送ることにした。

松平甚三郎が、市中の小吏に投降書を託し、城内に届けさせたが、これに対する返書が来なかった。そのため諸隊が進撃し市中に入った。

城は山上にあり、その麓を蛇骨川がめぐり士卒の住宅、商工の店舗が囲っていた。同盟軍が、河原に積んである薪や家屋を楯にして大小砲をもって攻撃したが、城内からは応砲がなかった。同盟軍が城門に迫ったところで、城内から激しく大小砲が発射された。同盟軍が三方から攻め入ったところ、一層激しい射撃があった。日暮れになった時、城内から三十余が槍刀を揮って討ち出でた。

同盟軍は、一斉に射撃し七、八名を倒し、さらに庄内陣中からの砲撃により城楼で火災が発生。城将戸村大学が駈け出そうとしたが、近侍に押しとどめられ裏門より逃げさせられた。庄内兵が蛇崎橋から、仙台藩は搦手から攻め入り、激しい射撃のなか瀬上主膳、亘理大吉らが衆を励まし搦手門に迫った。城兵が刀を揮って突撃してきたので、仙兵も突進、庄兵が大手口から潮の如く押し寄せたので城内の勢いが弱くなった。戸村大学らの一団が、裏門から間道を経て菩提所龍昌院に落ち延びようとしたが、待ち伏せていた仙兵が射撃した。戸村主従五十余人は、討死を覚悟し抜刀して切り込んだところ、仙兵が左右に避けたため、戸村主従は突破し城外に逃走した。

同盟軍は、城内に入ったものの深更になっていた。松平甚三郎は諸隊を城外に退かせ宿営した。

城内に裸の死体が残されていたが、松平甚三郎が、龍昌院に葬り十余人の僧の読経供養し忠義の戦死者として墓標を建立した。

八　角間川の戦い

角間川町は、横手盆地のほぼ中部で雄物川と横手川の合流点にある。江戸時代は舟運で栄えた。

仙台藩は、柴田中務、上遠野伊豆、瀬上主膳、黒田大六郎らが庄内藩酒井吉之丞とともに八月十三日、角間川を襲撃することにした。

仙兵が先となり進撃、西軍は、本道を長州と新庄の兵、その左に秋田藩介川敬之進隊、右に茂木秀之助隊を備えて木内村に進撃したので両軍が遭遇。忽ち飛弾が雨の如くとなり激戦となった。

介川隊が、仙兵の他の側面に突進し背後に回ろうとした。仙兵も側面に転回して応じた。また茂木隊も仙兵の他の側面に回り三方から激しく射撃した。

柴田中務は、ここで退けば仙台藩の面目にかかると大声で叱咤した。戦いの最中に、長兵が蹴破れと叫びつつ突進してきたので、仙兵は民家に火を放って退却しようとした。これを後陣の酒井隊が繰り出し左右翼を張り、西軍を押し包み一斉に射撃した。また酒井の一隊が西軍の側面に撃ち込んだので介川隊は死に物狂いに戦い、そして敗退。ここにおいて西軍が乱れ、角間川を渡ろうとしたものの多勢が乗ったため川舟が沈み、混乱しているところを仙兵がさらに追撃したので、川中に飛び込み溺死、銃撃に倒れる者が続出した。介川隊長も戦死。同盟軍が角間川を占拠し、仙兵が角間川を守備、庄兵は田村新町に宿営した。この間仙兵の戦死六名。

長兵が、敗退の途中で荘内の博徒を捕らえた。これを隊長桂太郎が尋問したところ、その博徒が、「庄内が秋田に討ち入りしたのは、王師に反抗する、また秋田に恨みがあるためではない。庄内藩は、これまで朝廷のため徳川氏のため誠心誠意を尽くしてきたが、その功労が全く水泡になった。何の罪があって征討軍を差し向けたのか。その無実の罪を解くべく使節を送っても追い返される始末。この薄情に通ずる道はなく、国が瓦解することになるのも止むを得ない運命に陥っている。藩は奮起し、上は藩主より下は百姓町人に至るまで志を一つにして藩の意志が理解されることを願って戦争に訴えたものである。若し藩の志が理解され無実の罪を雪ぐことができれば自分が殺されても恨まない」と声涙ともに述べた。桂太郎はその心情を憐れに感じ引き連れようとしたが、敗走の混乱の中で止むなく斬り捨てた。

九　六郷附近の戦い

松平甚三郎ら庄内兵が、横手を攻略し十四日、六郷村に進み大曲に攻め込もうとしていた。その時仙台藩中村宗三郎が、これから仙台藩が先鋒として進攻するとし、伊達安芸の涌谷隊他八小隊が先鋒となった。正午、六郷駅に入り、さらに大曲に向かう。秋田藩梅津専之助が、早川輔四郎の隊を先鋒とし新庄、佐賀の兵と六郷付近に出て、村落の民家の陰に潜み待ち伏せし、仙兵の先鋒を攻撃した。

仙台藩亘理東吾、坂本半左衛門らが兵を指揮して戦ったが、平地で遮蔽物がないので苦戦に陥り、遂に隊伍が乱れ敗退しかけたところ、後陣に続いていた松平甚三郎が、大隊を繰り出して西軍を西より攻撃、亘理東吾が東より攻撃し大激戦となった。

梅津専之助の旗奉行堀尾茂が陣頭に立ち大呼して兵を励まし、庄内兵のなかに突撃した。庄兵も屈せず進み堀尾を倒した。

時既に黄昏、雨も大降りとなったので両軍とも後退した。仙兵の戦死十三名。負傷二十五名。

西軍は、角間川が破られ後方が絶たれるのをおそれ遠く後退し、神宮寺に宿営した。

同盟軍は、翌十五日、大曲駅に入り大川寺を本陣とした。

同盟軍が、西軍を玉川以南から駆逐し、八月十九日、酒井吉之丞隊が美並、楢岡を攻略し本陣を移した。松平甚三郎隊は、大隊を花館に進め、玉川を隔て砲撃、さらに酒井隊と松平隊とで東西呼応して戦備を張った。

仙兵は、八月十六日、大曲に進み、同十八日、四谷に宿営した。中村宗三郎隊は、同十九日、さらに高梨村に進み、同二十一日、角館の西軍に備え横沢に進んだ。

十　秋田藩の防備

秋田藩は、同盟軍に破られ大曲以南を掌握されたので玉川、雄物川を限りその険により、防御することにした。

同盟軍は、玉川、雄物川以北に進出しようとしたが、西軍が、玉川、雄物川に沿う神宮寺岳（二八一メートル）と連なる太平山（三八七メートル）の天険を背にして防御しているためどうしようもなかった。

西軍は、八月十五日頃から次々に秋田港に上陸し兵力を増強した。およそ九千名程度に達しており、庄内藩四大隊を中心にした同盟軍の倍の兵力になっていた。

一説にはこれまで連戦連敗していたのは、兵力の増強を待っていたからであるという。

いずれにしても西軍は反撃の挙に出て強固な防御線を構築した。

西軍の神宮寺岳による隊を攻略すべく庄内藩酒井吉之丞は、八月二十日、精兵二小隊を選出しひそかに神宮寺岳の麓に忍び込み、攀じ登る箇所を探ったが見つけることができなかった。次に松平甚三郎と示し合わせ、松平隊が花館に進み大砲を峰上に連発し、松川奇兵隊が蛭川村より側面から登ろうとし、酒井隊が谷に入り道を求め峰頭の敵陣に攻め入ろうとし、一関隊は、雄物川に沿い牽制する方策をもって数回に亘って強襲したが、目的を遂げることができなかった。

兵五百名を率いて秋田に上陸した薩摩藩隊長島津新八郎は、西軍の連敗を怒り、薩藩一手で大曲の同盟軍本営を陥れるとして八月二十三日、三小隊と大砲隊を率い玉川を下り花館村に拠り大曲の同盟軍本営を射撃した。

同盟軍もこれに応じて射撃した。また同時に西軍の各隊も攻撃を開始した。戦線が東は角館より西は川辺郡に至るまでの十余里に亘る距離となり、一帯は焔に覆われた。勝敗は容易に決しなかった。島津新八郎は、今夜、大曲を攻め落とすまで戦いを継続すると号令したので夜半に至った。両軍の距離が、僅か数町まで迫る近距離になり飛弾が激しくなった。

松平甚三郎が、この状態を打開すべく隊長らによる軍議をした。そのなかで西軍は終夜攻撃し、「我が軍の疲労を待って明朝新手を繰り出して攻撃する策であろう。その前に暗夜に乗じ、花館に密行して本部を突くべし」との案が出された。全員がこれに賛成し、直ちに十数名の二隊を選出した。

両隊は飛弾のなか稲田のなかを匍匐して潜行し、花館に出た。一隊が見廻隊と交戦している間に他の一隊が乱射しながら花館に飛び込み、大声で庄兵が河原に回り背後を突け、槍隊は早く突っ込めと叫び斬り込んだ。

薩兵は不意を突かれ狼狽し散乱した。隊長島津新八郎は、勝利を喜び酔っ払っていたが、刀を抜き庄兵と斬り合いとなった。足元がふらつき庄兵に取り囲まれ、捕縛され大曲に連行された。そこで松平甚平三郎に投降を勧められたが、目をむき罵詈するため遂に斬殺された。

この日、庄内藩は首級十三、生捕り六人、元込銃九挺、ミニエー銃七挺などの他、軍用金千五百両を捕獲した。

翌日、午前四時頃、中村宗三郎が河原に屯集していた。西軍が川を渡り襲撃してきて夜まで戦闘したが、西軍が引き揚げたと同時に同盟軍も引き揚げた。

また当日、秋田藩兵を中心とした西軍が、雄物川を渡河して進撃し、太平山、神宮寺岳から大砲を発射してきたが、南樽岡の酒井隊が防戦し、翌二十四日まで激戦。正午に西軍が敗退した。

また角館より進出した西軍と同盟軍が長野口などで戦ったが、同盟軍は衆寡敵せず退き、西軍も日暮れになり引き揚げた。

六郷道に向かった西軍は、午前六時頃、斥候に出ていた仙台藩亘理大吉の半小隊と遭遇して射撃戦となった。仙兵は本隊を繰り出しての戦いとなり、遂に斬り合いとなった。西軍は大敗となり、仙兵は夜八時頃横沢に引き揚げた。

この日、仙兵の戦死七名、負傷四名であったが、分捕品は、印旗、隊旗各一施、徒装十二人分、十匁目銃二挺、小銃一挺、刀一口。

西軍の一手の佐竹、河内隊の進撃を、途中で同盟軍が山間で射撃して敗退させ、さらに追撃し角館に退却させた。

翌二十四日、西軍の進撃を事前に探知した亘理隊と瀬上隊が、挟撃して黄昏まで戦い西軍を退却させた。

これらの戦いにより西軍は雄物川、その背後の山地の険を恃み防御に入った。

十一　角館附近の戦い

庄内、仙台の同盟軍は、三十余日間の大小二十三戦で秋田領の半ばを攻略した。しかし玉川、雄物川と神宮寺岳の防御線の北方に進撃することができなかった。敵地に長く滞留することが不利であることから打開策を模索し、風雨に乗じ雄物川に材木を流し、船橋を破壊する策を決行したが、西軍の抵抗にあい、目的を達しなかった。

次に二、三の方略を検討したが、神宮寺と角館を攻撃することにした。南樽岡と長野本陣に守備隊を置き、庄内の松平隊、仙台の中村隊などの六百余をもって角館、神宮寺を攻撃することにした。

八月二十六日夜半、松平隊は、灯火を消し田間の細道をたどり進行し、西軍の陣に近寄ったが、思いのほか厳重な防備のため攻撃を不利として、角館を攻撃することに転じた。角館本道に出て団子町村に陣した。

二十七日、国見原に陣した仙台軍に「二十八日未明より角館を攻撃するので貴軍は角館南方白岩口に向かわれたい」との通知があり、二十八日、国見原で合流。仙兵を先鋒とし、亘理隊、瀬上隊が先鋒、伊達安芸隊を右、伊達弾正隊を左にして進撃し、白岩方面に向かった。

松平甚三郎が仙兵に連絡し、西軍の大威徳山に連続して備えている砲台を射撃させた。また斥候して角館城を偵察させたところ、角館城は東西一里に亘り、堅牢な胸壁を築き、兵を配しているので尋常な攻撃では抜くことができないと判断した。

この時、白岩方面に回った仙兵は、大威徳山上の西軍と開戦し、下鶯野の西軍を追い河岸まで進出。応援の上ノ山の大砲隊が援護射撃し、激戦となり庄内大砲隊も砲撃。

仙兵は、精兵をもって浅瀬を渡り先登し、庄内兵も渡河しようとしたが、夜に入り全員の渡河が困難となり、午後十時頃引き揚げた。

翌二十九日、庄内は、軍を挙げて大攻勢することにし、仙台軍に対し正午すぎまで渡河できなければ直ちに兵を収めると約束した。松平甚三郎が指揮し、鶯野に陣を張り大小砲を連発し息もつけぬほど攻撃した。仙台藩兵も白岩方面に回り、亘理、瀬上隊が先鋒となり、伊達安芸、伊達弾正の隊は左右につき進み、川を隔て激しく攻撃し、亘理隊が渡河を試み川岸に迫り大小砲を射撃した。また草刈隊が川上に回り攻め入ろうとしたところ、西軍も川上に回り激しく射撃し、防戦した。また支流の堰を止め水勢を増加させたので渡渉できなくなった。それにより各藩兵が暫次に引き揚げた。

仙兵の戦死二名、負傷十八名。

十二　南部藩の侵攻

慶応四年五月三日、奥羽越列藩同盟が成立した。南部藩二十万石から野々村真澄が出席し、この盟約書に調印した。

六月三日、九条総督一行が仙台より転陣し盛岡に入り、滞在二十日間で秋田に向かった。

秋田藩は、五月一日、澤副総督府が秋田に入ったことから列藩同盟に対する態度を変化させた。副総督府に対し藩主の本意は、列藩同盟に反対である旨を開陳した。

仙台藩は、秋田藩の行動を詰問するため正使志茂又左衛門ら十一人を秋田に派遣した。秋田藩内では反同盟が多数派になりつつあったものの、藩論が統一されていなかった。これに業を煮やした二十余名の若者が仙台藩使者の宿舎を襲撃し六名を殺害し、残り五名を生け捕りその後殺害した。

秋田藩内には平田国学派が存在し、佐幕の藩首脳部を批判していた。これに同調する勤皇派が生まれていた。また一説に若者たちは総督府の下参謀大山格之助に洗脳され、薩長派になっていたともいう。

この時たまたま同宿していた南部藩士一名も斬殺された。

南部藩では、仙台藩からの秋田討伐の指令に伴い秋田藩を許せないという強硬論と、総督府からの秋田救援の命令に従い速やかに兵を出すべきとの主張とで藩論が分かれた。

藩幹部では、数年に亘り藩政改革の路線で、楢山佐渡と東中務との間で対立があった。このなかで東は陰で反同盟派を指導していた。

佐渡は、朝命による京都警護のため兵二百名を率い四月九日、京に入った。宿舎は、洛北の聖護院蓮華町北西側付近である。

京では薩長の士が我が物顔、または傍若無人の振る舞いに心ある人は眉をひそめるものがあった。

楢山佐渡は、天保二年（一八三一）、南部藩家禄千二百六十七石、家老楢山帯刀の庶子として出生。叔母烈子が、三十八代藩主利済の側室。三十九代利義、四十代利剛の母。嘉永六年（一八五三）、家老となる。

太田俊穂編『楢山佐渡のすべて』によると、

西郷隆盛と面会した際、西郷は、数名の藩士と大胡座で牛肉鍋を囲んで談論風発の最中であった。

西郷とどのような会話がなされたか、明らかではないが、佐渡が憮然として帰り、

「全く呆れ果てたものだ。武士の作法も地に落ちた。しかし考えてみるとあの輩は、もともと格式のある武士ではないから止むを得ぬかも知れぬが、あれで天下の政治を

執れるものであろうか」と洩らしたという。

安藤優一郎著『西郷隆盛伝説の虚実』は、西郷のイメージは、「茫洋として小事にこだわらない風格を備えた大人物でありながら決断力に富んだ人格」と伝説化されているが、西郷と交流も深かった歴史学者の重野安繹は、「西郷は兎角相手を取る性質がある。これは西郷の悪いところである。そしてその相手をひどく憎む塩梅がある。西郷という人は一体大度量のある人物ではない。人は豪傑肌であるけれども、度量が大きいとはいえない。いわば度量が偏狭である」との人物評を紹介している。

この他に「簡単に人には屈しない性格」また「自分の意見を異にする者と交わることは少なく、一旦人を憎むと、ずっと憎しみ続ける」という評。また西郷の政治手法が強引だった、好戦的で独走する傾向が強かったなどとも評されている。

私見であるが、西郷は楢山佐渡に対し、尊大な態度で臨んだばかりか、楢山を奥羽の小藩の保守頑迷な家老程度に考え、士を遇するものがなかったに違いない。

そのため腹蔵のない意見の交換がなかったばかりか、いやしくも小藩といえ一藩の家老、折り目正しい格式を重んじてきた士に対する接遇ではなく、成り上がりの下級武士の礼を失した振る舞いがあったのではないか。このためその後の佐渡は、新政府、薩長への不信、反抗心を抱くことになったのでないかと考える。

そして岩倉具視を訪問した際、岩倉から「朝廷は、必ずしも薩長による新政府を是としているものではない。将来、禍根になるとさえ思っている。やがて薩長は、第二の幕府になるかもしれない。今ここで戦えるものは奥羽諸藩しかない。結束して一戦を交えるなら日和見的態度を取っている諸藩も呼応するだろう」と言われたという。

これは京公家一流の人心操縦術である。いざという時に使える二股膏薬の言辞である。この言葉をまともに受け取った佐渡は世間知らず、真面目すぎる男である。なお末松謙澄著『防長回天史』は、岩倉と佐渡の会見は、佐渡の作り話と片付けている。なお南部弁の楢山佐渡と薩摩弁西郷隆盛との間では、会話が成立しなかったのではないか。

また榎本武揚は、『徳川家臣大擧告文』などで「王政日新は皇国の幸福、我輩も希望するところなり」、しかし「強藩の私意に出で、真正の王政に非ず」としている。強藩とは薩摩藩と長州藩をいう。（好川之範著『箱館戦争前史』）

但木土佐も同様に朝廷を尊崇するものの、その奸臣と戦うとの考えであった。この時代の反薩長は、特異なものではなかった。

佐渡の反薩長の思想に対し、同行していた用人目時龍之進と目付中島源蔵が、勤王を説き翻意を試みたが、佐渡の考えを変えることができなかった。そのため目時は脱藩し、中島は切腹した。

七月十日、楢山佐渡一行が海路石巻に到着した。

石巻の北上川河口である門脇一丁目に南部の米会所と米蔵六棟があった。北上川舟運が可能となった慶安（一六四八）頃から江戸廻米が行われた。輸送量は、年間およそ五万ないし七万俵（二万千五百石から三万百石）、所要日数は、盛岡と黒沢尻間は半日、黒澤尻と石巻間は下り四日、上り十日を要したといわれている。上りは途中から曳舟になる。またこの所要日数は米を積載する艜《ひらた》船の場合である。この時、佐渡は主な随行者を先に盛岡に向けたといわれているので、自身は速舟を使用して帰国したと思われる。

石巻到着後、佐渡は仙台藩家老但木土佐と面談した。場所は仙台城内とされているが、その頃但木は、白河城攻略戦が殆ど連戦連敗のためその責任を問われていたことを考えると、人目がうるさい城内での会談は疑問である。むしろ石巻に近い松島観瀾亭で会談したのではないか。

但木土佐と楢山佐渡の会見については、仙台側には、記録が管見にして存在は明らかではない。多分、維新時に焼却したのではないか。会談内容も伝わっていない。

しかし、薩長の目にあまる粗暴行動に不信感、そしてこれを許せば奥羽各国が困窮状態に陥るとの不安感を共に抱き、共に戦うことを確認したのではないか。七月十六日、佐渡は盛岡に到着し、その夜の城中菊の間の御前会議に臨んだ。

会議は、秋田討伐か庄内討伐かで議論が紛糾していた。佐渡が京都における情勢を説き秋田討伐に踏みきらせた。

南部藩は、直ちに戦備を整え、七月二十七日、秋田藩領に進発した。

十三　大山柏の楢山佐渡について

大山柏著の前掲『戊辰役戦史』は、楢山佐渡について、次のように論じている。

「この人は、いかに時局を見違えたのか佐幕的色彩が甚だ濃かった。京都にいながら天下の形勢が読めないとは、不可解である。～中略～　海路仙台を経て七月十六日に帰った。その帰路、仙台に立寄り、仙台の老臣但木土佐らと面談した。但木は奥羽同盟を牛耳る巨頭であるから、挙兵の相談であったに相違ない。楢山は帰藩後、反逆挙兵の企てを藩士らに説いた。藩士一同は、今まで上京していて天下の事情に精通している楢山の計を丸呑みにして、何の疑いもなく受け取った。六、七月頃は、同盟の威力まだ衰えないものであったにせよ、ジリジリと官軍に押され始めていた。具眼の士ならば天下の形勢が読めたであろうが、楢山にはこれが読めなかった。かつ仙台では、但木が同盟参加、出兵を強要して楢山に圧力をかけたに相違ない。在京時から左傾していた楢山のこととて、火に油をかけられたように燃え、藩主を説得するや同盟の一国として挙兵したのである」

と評している。

この評に対して前掲『楢山佐渡のすべて』は、

「「反逆」「左傾」との価値判断には、いささか戸惑わざるを得ない。「反逆」は、革命戦のなかで勝てば官軍、負ければ賊軍なのである。原敬の言う「政見の異同」という見方に最もよく表現されていると思う。「左傾」とは常識的には「左翼」ということで、当時では、「保守派」または「守旧派」「現状維持派」を用いることがあっても「左傾」「右傾」と分類するのは当を得ない。しいていえば、「左傾」は、むしろ徳川幕府を倒し、新しい体制を布こうとする薩長革命勢力の方にあてはまる。反薩長の楢山佐渡がこの場合、逆に「右」ならまだわかる。

この戦いで血涙をのんで降伏せざるを得なかった南部藩の立場に一顧だも与えず、南部藩並びに楢山佐渡に対してこのような評価を下したことを遺憾に思った」

と反論している。

『戊辰役戦史』は、いわゆる官軍史学である。仙台藩も南部藩も当時の言葉の「勤王」を否定していない。むしろ自分も尊王と思っていた。薩長を奸賊とし、奥羽越列藩同盟は、「討薩表」を掲げ戦うとした。それを反朝廷とし賊軍と称するのは、勝てば官軍負ければ賊軍の論理である。反朝廷でなかったことは、両藩とも総督府を攻撃していなかったことでもいい得る。

「左傾」について、仙台藩、南部藩も佐幕である。しかも積極ではなく徳川幕府と薩長との関係になるべく関与しない態度をとっていた。これが日和見主義とされ薩長が攻撃する一因になった。したがって左傾或いは左翼を意味する革命思想の持ち主ではなかった。

楢山佐渡が、在京していながら天下の形勢が読めなかった具眼の士ではなかったというが、むしろ在京していたから薩長の傲慢で粗暴な行為に、嫌悪或いは危険性を感じ取ったのではないか。これは但木土佐も同じ思いであったと考える。

但木が同盟参加、出兵を強要して檜山に圧力をかけたとのことは、妥当ではない。同盟は既に決定されていたことであり、同盟を守ることであれば出兵は当然のことである。したがって同盟参加等の件は但木、檜山間には存在しなかったと考える。

但木、檜山間で話題にもならなかったと思うが、南部藩は前述の北上川を利用しての廻米制度が藩にとっての生命線である。そのため盟主である仙台藩に反盟することはできない。また檜山ばかりでなく、南部藩には盟約に反することは武士の行うものではないとの矜持があった。これは秋田藩が容易に盟約を破ったことを許されないとしたことに通ずるものである。

また嘉永六年（一八五三）の一揆の際、仙台藩が、南部藩の首謀者四十五名を保護し引き渡したなどの恩義もあることを考えると南部藩にもそれなりに同情すべき事情があった。

これらのことから南部藩は、単純に秋田戦争を決定したものではない。

十四　南部藩の進撃

七月二十七日、南部藩は一斉に進撃した。

南部藩は秋田の北境より進入し、七月下旬、鹿角郡に繰り込み、八月一日に兵四百名を屯集させ、二日毛馬内に兵二百を繰り込み、八月九日には、南部総督楢山佐渡が、秋田藩十二所鎮将茂木筑後に戦書を送った。

これについて前掲『楢山佐渡のすべて』には八月八日、礼儀として茂木筑後に対し、「九条総督、秋田転陣後の庄内再討命令は、庄内藩に私怨をいだく薩長の意志によるもので、総督の真意ではない。貴藩はこれに同意し、奥羽同盟に離反するに至ったが、我が藩はその問罪のためここに軍を進めた。しかし貴藩とは旧来隣好の関係であるから、いま干戈を交うることは遺憾のきわみである。ねがわくは真の勤王のため翻意されたい」との書を送ったとある。

これについて狩野徳蔵編『戊辰出羽戦記』では、

「家老須田政三郎らが、十二所口へ出張せり、八月九日払暁、十二所へ到着すればあにはからんや、同日朝辰刻、突然南部重臣楢山佐渡より茂木筑後まで戦書を送りきたれり、筑後方にてはあまりのことに一読を吃し未だ返書も発せざるに南部兵が猶予なく暴進しきたり」

とあり、戦書の内容や返書の有無も伝えていない。

秋田藩家老須田政三郎は、この日、籠谷隆之進、高瀬権兵、野木馬之助らを従い能代大砲隊を率いて到達したものの、戦備の整わないうちに南部軍が大小砲を激しく発砲して攻撃してきた。十二所鎮将茂木筑後は、自らその居館を焼き、米代川を渡り岩瀬村に退却した。

南部藩三浦五郎左衛門らは、兵三百を率いて雪沢境より繰り込み佐竹大和の居城大館に向かい進撃し、八月十日、大館間近の鬼ヶ城山に陣し砲撃した。

翌日、秋田兵が鬼ヶ城山に陣し砲撃。南部勢が進撃し、秋田藩境より攻め入った。

総督府は、津軽藩に応援を求めた。しかし、津軽藩は消極的で津島寛左衛門の一隊を派遣するにとどまり（一説には藩の意向を確かめず、独断で部下一小隊を率いて前進した）、八月十四日、火縄銃一〇〇挺を送っただけであった。

二十日、楢山佐渡隊は前進して茂木隊を破った。二十一日、三浦隊が鬼ヶ城山を回復し、両隊とも大館に迫り、二十二日、南部藩総勢が総攻撃した。

佐竹大和は、城に放火して落ち延びた。総督府は、二十二日、舟川港に到着した小城藩五百名に応援を求めるなどして兵力を増強させ、二十八日、米代川を渡河し反撃に転じた。

二十九日、小繋、大沢口、米内市沢口における戦い、九月二日に再び戦い、短兵接戦の激戦となり南部勢が敗退、大館の守備に入った。九月四日、西軍が大館を回復すべく大挙して攻撃したが、南部軍が善く戦いこれを退けた。

楢山佐渡は、西軍が次第に増強しているのに対し、南部側は後続の兵が少ないので長く敵地にとどまることが不利になることをおそれ、九月五日、大館城を去り、十二所に屯した。九月七日、西軍が急襲したが南部兵が善く戦い防戦した。十九日、南部勢は南部領に引き揚げた。

前掲『楢山佐渡のすべて』は、

「佐渡の作戦は全く水際立っていた。彼が兵学家としても非凡であったことは、今なお語り草となっている。弘化元年（一八四四）、北上川上流の大中州茨島で行われた北辺における対ロシヤ作戦を想定した大演習に、十三歳で出陣して部隊を指揮した美しい武者振りが、この戦いに蘇った」

としている。

十五　仙北の戦い

仙台、庄内の兵は、角館攻略のために南下し、九月十日、酒井吉之丞が中淀川を経て上淀川に入ろうとし、戸沢大学の兵を破り北進して境駅に入った。

この日、仙兵は、角間川にいた但木左近隊をはじめとし南下軍を応援すべく出発した。ただし伊達安芸隊の一部は大曲本道の抑えに回った。その他は酒井隊と道を分かれ大平山の麓を焼き払いつつ、西軍を次々に破り、峰吉川に出た。ここに酒井隊が本陣を設け、先鋒を境に進め、西軍を十二人捕虜にし、刈和野に放火、翌朝猛進して西軍を打ち払い、刈和野を占領した。

仙庄の本営が大曲で、大曲と刈和野の中間点が神宮寺である。副総督澤為量は、到底支えきれないと考え角館に退いた。

九月十三日、仙台軍は、角間川より神宮寺、刈和野の間に攻勢し、本道花館より神宮寺に入った。

松平隊は、九月十一日、大曲に仙兵の一部と上ノ山、松山の兵をとどめ、角間川を経て峰吉川に至り、酒井隊と合流し秋田城下に攻め入ることにした。

そして、上ノ山、一関の兵とともに刈和野に至り、南部藩に早く秋田に討ち入るよう督促した。

秋田藩は、秋田城防備のため刈和野に諸藩の兵を集め、九月十五日に総攻撃することにした。

この日、一関兵が、同盟軍本陣の刈和野を守備していたが、西軍の襲撃を予想していなかった。その昼食の最中に角館にいた西軍が突然に襲撃してきたので、防戦もできないまま兵糧弾薬を捨てて逃走した。

峯吉川にいた酒井吉之丞は、暑気当たりで病臥であったが、味方の大事を捨ててはおけないとし、現場に出動して指揮を執った。夜に入っても勝敗が決しなかった。翌朝は、山駕籠に乗り諸隊に、「本日の戦いで刈和野を失えば糧食が絶えて進退を失う、万死の一生はこの一戦にあり」と激励し、諸軍が奮闘したものの、西軍が動かないので庄内参謀神戸善十郎が隊長に耳打ちし短兵接戦を取った。隊長が采配を振り大声で叫び真っ先に飛び出し、これに続いて参謀が大隊旗を進め進軍ラッパを吹き鯨波を上げ、大砲を連発して諸隊が一斉に突撃した。西軍は散乱して敗退した。また神宮寺の仙兵が西軍の背後を突いたので、西軍は混乱して敗走した。

峯吉川の松平隊は、撤退して酒井隊と合流して神宮寺に入った。仙兵中村隊は兵を収め帰国することになり、同時に庄内兵も帰国を始めた。

仙兵は、九月十八日、神宮寺、横沢で小倉藩農兵を破り角館に入ったものの、仙台表より兵を収めるようにとの指示を受け、一関兵とともに撤退の準備をし、亘理大吉隊が殿となり二十四日に帰国した。西軍はむしろ危惧を感じて尾撃をしなかったが、一関兵の撤退が遅れ、西軍に尾撃を受け苦戦。戦死者十五名を出し帰国した。

太田俊穂監修『幕末維新戊辰戦争事典』は、

九月十四日、上ノ山藩降伏の情報が入り、帰国命令により上ノ山兵が帰国した。同日夜、庄内松平甚三郎が、峯吉川の酒井吉之丞を訪ね「天下の形勢は不利になってきた。われわれも帰国して本国を守らなければならない。秋田藩では新銃も購入した。西国各藩からの増援も増え、十五日には総反攻してくるという情報だ。逆にこちらから境の敵軍に一撃を加え、庄内男子の腕を見せてから後退したい」と相談したとしている。

第五章　仙台藩の終末

一　降伏

相馬口の戦いが不利となり、駒ヶ嶺が落城した頃より、仙台藩内に降伏論が生じていた。八月二十二日、越河において仙台藩増田歴冶、真田喜平太らが米沢藩木滑要人、堀尾保助と会った。

「米沢側から、土佐藩から朝廷に謝罪すれば本領安堵の寛大な処置になると連絡があったので、我が藩は謝罪降伏することになった。貴藩も降伏してはいかがか」と申し出があった。

増田は、これを報告するため直ちに仙台に帰ることにし、途中、石母田但馬と会い、事情を説明し一緒に早馬で仙台に向かい、同二十五日払暁、仙台城に到着した。

増田は、藩主慶邦に米沢の使者の趣旨を述べ降伏謝罪すべきことを建言した。これに藩主は重臣に諮るとした。

翌二十六日、坂、石母田が、國分町に止宿していた米沢藩使者に対し、封土を削らないとのことは勧誘の方便ではないのかと疑念を告げるとともに評議の上回答する旨を告げた。これにより米沢藩使者は帰国した。

その後も米沢藩は、仙台藩からの回答を待っていたが、仙台藩は藩論の統一が取れなかったので、米沢藩のみが謝罪嘆願に及んだ。

『亘理町史』より、以下略述する。

亘理邑主伊達藤五郎邦成と家臣常盤新九郎が密儀の上、萱場源之助に指示、さらに萱場が、家中の尊王派として知られている鷲尾右源太と時局の終決方法を相談した。

これにより、まず西軍の意思を確認することにした。鷲尾は、亘理郡山下の百姓長左衛門と彦左衛門を呼び出し、時局が重大であり、西軍への使者の引き受けを説得したところ、二人は、義侠心から勇んで引き受けた。

二人は、天王社に大願成就を祈り、兄弟の血盟をして海岸通りを南に向かった。その日は、八月十三日、駒ヶ嶺の戦いの最中であった。

警備をかいくぐり駒ヶ嶺の東方今泉の陣所にたどり着いた。二人は、衛兵に「仙台藩の百姓である。重大事を申し上げに来た」と叫んだ。衛兵は静かに隊長のもとに連れていった。そこは肥後藩の陣営であった。

二人が使者の趣を伝えたが、重要事項であるが間諜の疑念もあったので、相馬中村の本営に送られた。疑念を解くべく鷲尾からの相馬藩家老田々部藤蔵宛の手紙を出した。田々部が仙台藩に講和の用意のあることが間違いないことを補足したので、間諜の疑いが晴れた。しかし実証があるまで一人が残り、一人は亘理に帰り鷲尾を連れてくることになった。期日は八月二十日まで、期日まで帰らなければ一人を斬首する約束になった。

長左衛門が、亘理に帰り鷲尾に報告。鷲尾は仙台におけるかねての同士の医師氏家道以の協力を得て参政氏家兵庫へ上申。兵庫がさらに藩主の内意を伺い、氏家道以を西軍陣営へ遣わすことにした。鷲尾は氏家と長左衛門を同道して肥後藩陣営に向かった。ここに至るまで意外に日時を要した。

彦左衛門が、約束の日まで長左衛門が帰らないので再び間諜の疑義が生じ、斬首されることになった。

八月二十一日、彦左衛門が、中村城下向山の刑場に引き出された。そこにたまたま、肥後藩参謀で先に彦左衛門を詰問したことで彦左衛門を見知っていた津田山三郎が通りかかった。彦左衛門が事の成り行きを津田に訴えたので、津田は刑の執行を三日間延期させた。

その日の夕方、鷲尾らが相馬に到着した。八月二十四日、鷲尾、氏家が津田山三郎と会見し、津田が講和を斡旋することを約した。

氏家が、仙台に戻り氏家兵庫に報告、八月二十九日、肥後陣営において氏家らと肥後藩隊長米田虎之助、参謀津田山三郎、総督府要人、相馬藩家老岡部庄蔵、田々部藤蔵らと会見し、
重臣をもって嘆願すること。

九月十日まで矢止めすること。

を約束し、氏家が仙台に帰った。藩では数日間評定し、九月十日藩主慶邦の裁断により降伏が決定した。

この間に、宇和島藩からも降伏の勧めがなされた。

九月十四日、坂元において仙台藩正使伊達将監、副使遠藤文七郎、随員桜田三郎、亘理の鷲尾右源太、宇和島藩使者と総督府使番榊原仙蔵、肥後藩木村十左衛門、馬渕真助等で降伏会談を行い仙台藩から降伏嘆願書が提出された。

これを総督府に受納されたので、九月二十四日、亘理伊達藤五郎邸において藩主伊達慶邦らと参謀長州寺島秀之助らで降伏式が行われた。

星亮一著『仙台戊辰戦史』は、

「八月二十七日に、相馬藩家老佐藤勘兵衛から佐藤宮内（小斎邑主千石）に密書が届いた。両佐藤は親戚関係にあった。趣旨は、謝罪恭順を勧告するものであった。旗巻峠が敗れると、自分の領地の小斎村が戦場になる。領民が敵に蹂躙されるのを避けなければならない。

佐藤は、自ら薩長本営に乗り込んでもと考え、佐藤勘兵衛に感謝と仲介の労を依頼する旨の返書を送った。また隣地の亘理領主伊達藤五郎に自分の意見を述べ、恭順降伏を進言した。これにより仙台藩は、事態の収拾に向かった」

としている。

二　仙台藩内の激論

執政六人のうち中島外記、石田正親、遠藤主税らが和議に、大内筑後、片平大丞、松本要人らが主戦論派である。これに宿老遠藤文七郎、後藤孫兵衛が和議派であった。一門の石川大和、伊達藤五郎、伊達弾正、伊達将一郎、伊達右近、白河七郎、三沢信濃、伊達筑前らも登城して藩主慶邦と和議の方向に行くことで一致していた。

九月十日、執政全員が登城し、石母田但馬も加え和議、即ち降伏派と主戦論派との間で意見が一致せず激論となり、容易に結論に至らなかったので、藩主慶邦の面前で決することになり、風邪と歯痛のため寝所で臥せていた藩主のもとで両輪の主張が戦われたが、藩主の意見は降伏である。石母田に対し取り急ぎ使者を勤めるべしとの言葉により、ようやく降伏が決定した。また伊達将監を正使に、遠藤文七郎を副使に任じ、九月十三日、細川藩陣営に謝罪嘆願書を提出した。

ここで仙台藩の戦いが終息した。

仙台藩兵が弱兵といわれたが、旗巻峠や戦いに慣れてきた秋田戦争においては善戦した。瀬上隊に見るように白河の戦いで経験し、慣れてきていた。

三　敗因

（一）戊辰戦争における敗因は、まず火器の差と指摘されている。

これについて奈倉哲三他編『戊辰戦争の新視点（下）』中の浅川道夫論文「戊辰戦争期における陸軍の軍備と戦法」を参考に幕末に使用された銃器、砲を検討する。

銃器

ゲベール銃

前装滑腔式の歩兵銃、雷管式点火装置。口径一七・五ミリメートル、全長一・三八メートル。射程距離一八七・五メートル、有効射程一〇〇メートル。先込式にはライフルが刻まれていない。戊辰戦争期に雷管式点火装置。ミニエー銃が大量輸入された後は旧式となり、あまり使用されなくなった。

エンフィールド銃

前装施条銃、底部拡張式ミニエー弾を使用。エンピールとも呼ばれた。口径〇・五七七インチ、長、短の二種がある。長は三ツバンド銃とも呼ばれスパイク形銃鎗を装着することができた。全長五四インチ、最大射程一〇〇〇ヤード。短は、二ツバンド銃。サーベル形銃剣の取り付けが可能。全長四八・二五インチ、最大射程一二五〇ヤード。新政府側・佐幕側双方に使用された。

スペンサー銃

後装式七連発銃、連発のため銃床内に管状弾床を内蔵し、カートリッジを装填して使用。幕府歩兵隊使用、佐賀藩が多用、黒羽藩使用。会津藩山本八重が使用。

スナイドル銃

後装式小銃。口径一四・六六ミリメートル、全長一二五〇ミリメートル。有効射程九〇〇メートル、ライフリング。薩摩藩導入、長岡藩や仙台藩額兵隊が使用。

などがあげられている。スペンサー銃の多くはアメリカ南北戦争後に輸入された。

西軍は、主として後装銃、仙台藩など同盟軍は、ゲベール銃、ヤーゲル銃などの前装銃滑腔銃、なかには火縄銃のため射程や命中度に大差があった。

なお庄内藩が、短シャープス騎銃六〇〇挺、スプリングフィールド銃三〇挺、短エンフィールド銃七〇挺、ウィツウヲルゾ銃一〇挺を購入したとの記録がある。

火　砲

四斤山砲

前装旋条式。使用砲弾は主として榴弾の重量が四キロ、口径八・六五センチメートル、砲車を含めた全備重量二一八キログラム、最大射程二・六キロメートル。砲弾は、榴弾、榴散弾、散弾があり目標に応じて使い分ける。

ボートホウイッツル

前装滑腔式、榴散弾。戊辰戦争期には、軽量な一二ポンド砲が多く使用された。口径四・六二インチ、全備重量一二五〇ポンド、最大射程一〇八五ヤード。

ハンドモルチール

携帯式臼砲、青銅製又は銑鉄製。短砲身、木盤に固定し四五度の仰角で撃ち出す。木盤の両端に革バンドで取り付け担竿を通し二人で運搬できる。口径一三ドイム、全備重量七〇キログラム、最大射程七六三メートル。

通常の火砲は当時の道路事情から運搬が困難であり、人力の牽引、分解搬送が行われたため、携帯式臼砲であるハンドモルチール砲が多用された。携行する際、木盤の両端に取り付けた革バンドに担竿を通し二人で運搬できる。

アームストロング砲

後装旋条砲。砲尾のハンドルによる螺錠の緩緊によりベントピースを着脱し、薬室の開閉を行う。目鉄により榴弾、中実弾、散弾を使用。六ポンド砲の口径二・五インチ、最大射程三九〇〇ヤード。

と記述している。

ミニエー銃

前装式ライフル歩兵銃の総称。椎の実型弾丸を使用したのでミニエー弾と称していた。円錐形弾丸のため銃身内部にライフリングを刻んだ。これが前装式ライフル銃である。ライフリングにより銃弾が旋転し、弾道が安定する。そのため命中率が高く、有効射程は三〇〇ヤードである。しかし、装填方法に手数がかかるのでこれを改造し、後装式、雷管・火薬・弾丸が一体化したスナイドル銃が登場した。

仙台藩、会津藩は主としてゲベール銃や先込のミニエー銃、火縄銃も使用した。砲も火縄式、或いは前装式であった。

先込銃は装填に要する時間がかかるので後込銃より効率が劣る。

白河城攻防戦等における戦法について、前掲大山柏著『戊辰役戦史』は、

「もともと仙台兵は、英式訓練を受けた額兵隊と号する一部を除いて洋化不十分で、兵数は多いが、兵装は、いまだ和銃が主戦兵器であった。したがって、戦法もとかく密集白兵戦の域を脱しきれなかった。かつ根本において藩の組織は一門及び多数の高

禄の家臣がいて、これらがそれぞれ手兵をもっているから、藩内における連合軍である。仙台軍として出兵するに当たっては、仙台藩の直属部隊たる旗本七千の他は、其々の部隊を動員するから禄高によって大小様々な単位の部隊がある。兵装装備も一様でないから統一指揮は困難であり、同時に洋化編成はそれぞれ家臣家の考えによって高低がある。直属部隊たる旗本は比較的少数で、出征軍の大多数は家臣兵一万五千名の連合軍であり、ここに弱点がある。それ故洋式部隊に対戦すると、とかく火力に圧倒されがちだったから、いわゆる弱兵の誹りを免れなかった」

としており、白河戦争における仙台、会津藩の戦いぶりについて、随所で戦法のまずさを指摘している。仙台藩兵についても弱兵そして鈍重と評しており、戦法は、仙兵と会兵との間の連携が取れていない。また統一指揮官によって部署を定め攻撃前進すべきであるのに、恣意的な行動を取っている。地形を利用していないなどと評している。

幕末に銃隊を採用するようになった。兵式も洋式を導入し、攻撃の主体が槍隊から銃隊へ変化した。しかし、武士の間には、銃を取り扱うのは足軽などの軽輩である、士は、刀槍でもって戦うものであるとの自意識があった。

この意識の表れとして、前掲の九月十日、旗巻峠の戦いで、仙台藩槍術家前島勘太夫が、槍をふるって敵中に踊り入り奮闘し、敵三人を倒し、十一人を負傷させたあと斬り殺されたことが、敵の西軍も賞美することになったことに見られる。

砲術家高島秋帆の西洋式砲術を佐賀藩、肥後藩、岩国藩などが取り入れるとともにハンドモルチール砲を購入した。この働きに伴い西南雄藩が、秋帆の「西洋銃陣」を学習し、兵式の近代化に着手した。

幕府は、初め高島流のオランダ式教練法であったものが、小銃が前装滑腔銃、前装旋条銃から後装単発銃へ変化したのに伴い、フランス式そしてイギリス式への採用となり、密集隊の配置から横隊の火力、縦隊の衝撃力、散兵の機動力の組み合わせの配置になった。

大村益次郎の「三兵タクチーキ」の歩兵、騎兵、砲兵の協同行動による組織的戦力を発揮する用兵術や農民に武器を与え訓練した。兵士の銃の統一化、攻撃の場合、木陰などの遮蔽物を利用また伏せの姿勢からの射撃などの戦術を多用する西洋戦術が、長州戦争において幕府軍に勝利した。これにより軍事力の近代化が促進された。

仙台藩の場合、大槻盤渓は、高島秋帆と交流があったが、兵式改革の採用に考えが及ばなかった。また、玉虫左太夫は渡米の経験があるものの、軍事知識の関心が薄弱であったと思われる。

星恂太郎が率いる額兵隊が、西洋砲術、洋式銃隊を訓練し、アームストロング砲を所持していたというが、実戦に参加していないので実力が発揮されていなかった。

仙台藩は、慶応二年（一八六六）軍制改革に着手し、同十二月、松倉良輔が、西洋銃隊の採用、足軽及び大番士の二、三男などをもって銃隊を編成することなどを建白しているが、中士階級である彼の意見は採用されなかった。それでも慶応四年（一八六八）三月十七日、洋式兵装を取り入れ、同月二十五日、上杉台において鎮撫使一行のうちの薩摩兵と仙台藩足軽隊との洋式調練が行われた。この時、仙台藩のミニエー銃に対し、西軍は、新式ハンドモルチール銃、そして兵の展開が散兵であった。仙台藩は、この散兵を、そしてこの武器と調練を初めて知った。

新たな銃の使用により、これまでの武士階級と違う階級である銃卒が生まれた。幕府が歩兵隊を組織した際にも身分の取り扱いに苦心し、足軽と違う「卒」とした。仙台藩の場合、銃卒についてその雇用の経緯が明らかでないが、各邑主のもとの下級武士や従者、そして農民を雇用したと思われる。

したがって銃器の取り扱いばかりか、戦法に対する練度が不足であった。この練度不足は、仙台藩兵の全体にいい得る。それもあって「ドン五里」と評される弱兵ぶりは、大砲の音に驚き五里も退却したと評したのである。練度不足は、戦争の経験ばかりか、大砲音の経験がなかったことによるものである。

（二）この軍事力の近代化が遅れた原因について

藤野保著『江戸幕府崩壊論』は、

「幕府の天保改革と前後して、諸藩においても天保改革を実施したところは多い。特に寛政改革を実施した藩は東北地方が多かったのに対し、天保改革を実施しかつ成功した藩は西南地方に多く、これが西南雄藩台頭の原因になった。商品経済の発展に伴う産業構造の相違に加えて、唯一の貿易港長崎に近く、外圧をいち早く経験する環境にあったからであり、内外の危機に対する藩権力の対応の仕方に違いがあったからである。

佐賀藩（三十五万七千三十六石）は、長崎警備の特役として、早くから海外と接触したが、文化五年の「フェートン号事件」を契機に、長崎防備の充実、軍備の増強を痛感。天保元年より十一代藩主鍋島直正の主導のもとに藩政改革を実施した。まず、藩経費の節減によって藩財政を立て直す一方、貧農の没落を防止するため、未納小作料の支払いを停止し(加地子猶予令)、崩れゆく農村秩序の再編・強化を図ったが、これはのちに「均田政策」へと発展する。さらに洋式工業を導入し、天保より幕末にかけて、反射炉を築いて大砲・小銃の鋳造を始め、造船・蒸気機関を製造し、陶磁器の専売を強化し、兵制改革を行って、強力な富国強兵の体制を築き上げた。

鹿児島藩(七十二万八千七百石)も、琉球貿易を通じて、早くから海外と接触したが、文政十一年、窮乏した藩財政を立て直すため、調所広郷を中心に藩政改革を実施し、三都商人に対して「二百五十年賦償還法」を講ずる一方、天保元年より奄美三島の砂糖に対して惣買入制を実施し、琉球貿易を拡大して、藩財政の再建に成功した。さらに幕末には、十二代藩主斉彬の主導のもとに、洋式工業を導入し、集成館を中心に各種産業の総合的開発を行い、大砲・小銃を製造し、軍備の近代的装備化、外国艦船の購入、紡織機械の輸入など、一連の富国開化策によって、藩の軍事力を著しく強化した。注目されるのは、幕府に対抗し、欧米諸国と条約を締結し、中国貿易(唐物商法)の主導権確立を目指しながら、自領における開港・開市を計画し、「鎖国体制」

を崩壊に導く要因を作り上げたことである。

萩藩（三十六万九千四百十一石）は、天保大一揆の危機に対し、村田清風を中心に藩政改革に着手した。まず、多額の負債に対し「三十七ヶ年賦皆済仕法」を実施して、その整理に当たる一方、紙・蠟の専売制を改革し、下関に越荷方を設置して、諸国の廻船を相手に、積荷を担保として収益を上げた。さらに幕末にかけて、薩摩貿易（薩長交易）を展開し、洋式工業を導入して、大砲・小銃を製造し、撫育局において製蠟・製油・製鉄・造艦の四局を設置目標として増産計画を立て、軍事費を強化する一方、奇兵隊を組織し、兵制改革を行って、西洋陣法による軍事力の近代装備化に成功した。

土佐藩（二十万二千六百石）は、天保改革の失敗のあと、十五代藩主山内豊信の主導のもと、吉田東洋を中心に藩政改革（安政改革）を実施し、負債の整理に当たる一方、木材、米の売却、酒・醤油などの醸造、砂糖・石炭・紙などの国産品に対する統制を強化した。さらに幕末にかけて、豊信は公武合体運動を推進する一方、「薩長同盟」成立後、後藤象二郎は開成館を設立、国産方役所と国産問屋の機能を一元化しながら藩権力に吸収し、国産品の奨励・販売、長崎貿易の推進を通じて藩権力を強化し、獲得した利潤によって艦船・武器を購入し、軍事力をさらに強化した。

こうして、藩政改革に成功した西南諸藩は、富国強兵の体制を築き上げ、雄藩として幕末の政局に強い発言力をもって登場する」

としている。

さらに同書は、東北の対応に言及している。以下これを要約する。

「外国のインパクトに対し、西南諸藩が個別に対応し、幕末の藩政改革を通じ富国強兵体制のもと著しく藩軍事力を強化したのに対し、北からのインパクトに対しては、幕府が直接対応した。幕府は、蝦夷地を熟知した上で、松前、仙台、盛岡、弘前、秋田の四藩にその後会津、庄内に出兵させ全蝦夷地を分割して整備を分担させた。

一つの藩領がその一部を除いて幕府の直轄地となり、かつこれを隣接諸藩に分割して整備を担当せしめた例は、全幕藩制期を通じて他になく、このことは、ロシアによる蝦夷地植民地化に対する危機克服が、幕府主導のもと個別藩の枠組みを超えて、いわば「諸藩連合」の形で対処したことを示している。

重要なことは、これら東北諸藩は、凶作による飢饉に加えて蝦夷地警備によって藩財政が破綻し、個別の藩軍事力が弱体化したことである」

としている。

（三）　飢饉に対する救済を、橋本虎之介著『仙台戊辰物語』より、要約する。

天保四年秋は、穀類が実らなかった。飢民が巷にあふれた。藩は救恤《じゅつ》に当たった。一万千三百両を支出するとともに施米した。節約令を布達し藩主自らも粥を食し、観月会などを中止した。幕府へは七十五万九千三百石の損亡と報告した。

同五年正月、五年間十万石の格式で行事を行うことにした。また大坂商人から、前年からを含め十万両の借金をした。

同六年は地震、夏には霖雨、七月には大洪水により橋、人家、馬等が多数流失した。幕府へは、本田、新田を合わせ七十三万三千五百二十石の損亡と報告した。

同七年も気候不順、凶作が予想されたので向こう七年間の倹約を命じ、政治の簡略、役人数の減員を図った。この年は九十一万五千七百八十四石の損亡であった。これは実収百万石の約九〇パーセントに当たる。

同八、九年も凶作であったので翌十年には参勤の延期を願い出た。

仙台藩は、連年財政が窮乏状態であるところ、飢饉によるさらなる財政負担から藩政改革に考えが至らなかった。
としている。

（四）藩の組織にも問題があった。

仙台藩では、家臣に対し禄に代わる知行地を与えた。この地方知行制のなかで要害・所・在所拝領と呼ばれた家臣の居館が仙台屋敷の他に存在し、四十八館或いは九十四館とも数えられていた。

城は、片倉氏（一万八千石）の白石城のみ、居館付屋敷が要害、南部六郡、内陸部四郡、北部四郡に存在した。所は、居屋敷・家中屋敷・足軽屋敷・町場・山林で構成され、町場のないものが在所。南部五郡に八ヶ所、仙台周辺三郡に十一ヶ所、内陸部六郡に二十一ヶ所、海岸部三郡に八ヶ所、北部四郡に五ヶ所、要害が存在しない宮城、黒川、栗原郡に十ヶ所が存在した。

家臣は、一門、一家、準一家、一族、着座、太刀上、大番の七つの家格に分類される。

一門は、十一家、もともと小名、大名であったが、伊達家に入嗣するなど、また伊達政宗の親族などの門閥。白河、三沢両氏以外は血縁関係があった。

一門のうち半数の角田石川氏（二万千石）、亘理伊達（二万四千三百石）、水沢伊達（一万六千石）、涌谷伊達（二万二千六百石）、登米伊達（二万石）が一万石以上を知行かつ一円的知行であり、これ以外に白石片倉（一万八千石）と大名級の家臣が存在した。

一門は、藩政に関与しない、藩主名代、節句・朔望・祝儀など形式的な任務に制限されていた。

一家は、十七家、伊達氏庶流や在地領主出身で輝宗の代までに臣従したもの。

準一家は、八家、かつて伊達氏と戦ってきた大名などの重臣等で、主家を離れ政宗に臣従したもの。

その他一族、宿老、着座、太刀上、召出などの階層があり、家格を占めるものが全体の一七パーセント、平士が八三パーセントでこれら階層の総知行高が六十六万八千石程度という。

藩は、これら家臣の統制に苦心した。

在地領主的性格を否定するため、まず課役徴収請負を領主権へ吸収、越訴の禁止、家臣の城下居住の原則、城下と在所間の参勤制、私成敗権の制限、知行地物成の蔵入地ならびに夫役の制限、独自の貢租収取権の否定など藩体制の枠に組み込みを図った。しかし、家臣の所替えは殆ど行われなかった。これは地方知行制の固定化と関連して考えられる。

近世大名領の成立過程で、在地領主制が地方知行制に変質し、さらに地方知行制が骨抜きにされるか、俸禄制に移行する過程を取ると考えられている。

仙台藩の場合、陪臣を含め家臣が多い。その家臣団を維持するため最下級層を土着させ、手作りを行わせる以外方法がなかったのではないかと指摘されている。

軍役は、

徳川幕府の場合たとえば、

四千石　侍十六、足軽二十、その他四十四、馬十一

三百石　侍二、足軽一他五、馬一

仙台藩の場合たとえば、

二万石　侍五十、騎馬二十四、鑓持十五、弓立持二、口取八、その他十九

一万石　侍三十五、騎馬十六、鑓持十三、弓立持二、鉄砲持三、口取六、その他十六
五千石　侍二十七、鑓持十一、弓立持一、鉄砲持二、口取六、その他十三
四千石　侍二十四、鑓持十一、弓立持一、鉄砲持二、口取六、その他十二
三百石　侍三、鑓持一、口取二、その他三
と、仙台藩の方が幕府より多い。

動員数は藩直属より家中の総数の方が多い。兵力は、城下が約八千名、家中（一門、一家、準一家など）一万五千名、その他農兵などを含め三万八千名という。

軍備は、各邑主が独自に行っていた。そのため武器、装備等に統一性がなかった。仙台藩においてミニエー銃九七六挺を購入し、一門衆へ払い分として二二五〇挺を渡し、約一万挺を配布した旨が『石母田頼至日記（四月二九日条）』にあるという。しかし、洋式軍制に至らず、白河戦争では、火縄銃ばかりか甲冑で臨んでいた者もいたという。

これらのことから軍事力も中世の要素を残し、硬直化した藩政になっていた。白河戦争において、仙台藩が連戦連敗で敗れたのは火器の差が勿論であるが、それ以前に、軍制の近代化への移行が遅れ、富国強兵に至らなかったことによる。

安政五年（一八五八）九月、但木土佐が奉行に就任し、緊縮財政を取る一方で製茶、製塩、林政、芝海苔の販売等によって財源を得る方法を採用するとともに軍事費の縮減、藩士にお手伝金御用を命ずるなど財政の立て直しをはかり、富国への方途を取った。これにより財政状態がある程度恢復したが、充実するに至らなかった。

（五）仙台藩における組織について

組織論から検討すると、時代が違うが、日本陸軍の失敗の原因となぜか共通する。

戸部良一他著『失敗の本質――日本軍の組織論的研究』を参考にして考察する。

戦略・戦術について、戦略原型が存在した。

日本陸軍は、白兵戦思想（歩兵中心主義）であった。

アメリカ軍は、火力重視の合理主義。

海軍は艦隊決戦（大艦巨砲主義）であった。

アメリカは、海上交通保護、防空及び艦隊の防御、航空機の防御、潜水艦の使用。

仙台藩は、銃器による戦いに追い詰められたこともあり、白河戦争においてたびたび抜刀して戦っている。

歴史に、「若し」は許されないが、仙台藩では海軍の働きが伝わっていない。そればかりか平潟港の防御は考えていなかった。また東名浜の警戒も行っていなかった。

①組織構造

日本軍は、組織的な統合が弱かった。

アメリカは、陸・海・空の機能を一元的に管理する最高軍事組織としての統合参謀本部があった。

日本の大本営は、陸・海の作戦を統合的に検討できるような仕組みになっていなかった。むしろそれぞれの利益追求を行う協議の場にすぎなかった。

強力な統合機能を欠いていたため陸軍の白兵主義、海軍の艦隊決戦主義の目標志向性の差を最後まで調整することができなかった。

列藩同盟は、軍事局を設け代表者が詰めていたが、それら代表者の経歴・軍事知識の程度が明らかではない。代表者の藩は、会津、二本松、三春、福島などであったと思われるが米沢藩についてはよく分からない。仙台藩の場合、知識・経験より家格を重視したと思われる。坂英力が統括していたものの、会津藩との協議が十分ではなかったので、指揮命令が混乱していた。また白河城攻防戦もワンパターンではなかったか。西軍の補給路を突く、包囲網を作る、高台を確保して迎撃する、奇襲戦法を実施するなどが考えられるところ、前掲大山柏著などで戦略・戦術が批判されている。坂自身、軍略家として知られていたというが、近代戦の戦略・用兵の知識が少なかったのではないか。大村益次郎の洋式軍制の知識と比較できないのである。したがって軍事局は、アメリカにおける統合参謀本部の役割を果たしていなかったと考える。

②管理システム

人事昇進システム、評価システム、教育システムが主要なものである。

日本軍の人事昇進システムは、基本的に年功序列であった。陸軍の首脳部は歩兵科出身、海軍は、砲科出身で占められていた。

アメリカは、能力主義、抜擢人事が採られていた。

日本軍の教育システムは、陸軍士官学校、陸軍大学校、海軍兵学校、海軍大学校である。

教育内容は、陸軍は戦術を中心とした軍務重視型教育、海軍は理数系科目を重視した。オリジナリティより暗記と記憶力を強調した教育システムを通じて教育された。

このような硬直化した教育のもとでの行動様式は、戦闘が平時の訓練のように決まったシナリオで展開している場合にはよいが、いつ不測事態が起こるかわからないような不確実性の高い状況下で独自の判断を迫られるようになってくると、十分に機能しなくなるという。

仙台藩の場合（前掲『仙台戊辰物語』）厳然たる家格から来る階級的差別があった。言路洞開の道なく上下が全く隔絶しており、施政方針も先例古格を重んじ、人物才幹より地位門閥が幅を利かせ、上士の意見のみ採用され、中下士は藩政に参画の機会はなかったとしている。薩摩、長州は、藩政改革の一環として下級武士の意見を取り入れていた。

③組織行動

組織行動についてリーダーシップが問題である。

日本軍には、組織の構成員の日々の行動の手本としてリーダー或いは英雄が存在した。帝国海軍の白兵銃剣主義や大艦巨砲主義というパラダイムを具現したリーダーないし英雄は、おそらく乃木希典ならびに東郷平八郎にまでさかのぼることができるだろう。リーダーの多くは、白兵戦と艦隊決戦という戦略原型を何らかの形で具現化した人々であった。組織の戦略原型が末端にまで浸透するためには、組織の構成員が特定の意味や行動を媒介にして特定のものの見方や行動の型を内面化していくことが必要である。このようなパラダイムの浸透には、とりわけ組織のリーダーの言動による影響力が大きい。リーダーシップの積み上げによって、戦略・戦術のパラダイムは、組織の構成員に共有された行動規範、即ち組織文化にまで高められるとしている。

仙台藩における組織文化は、藩祖政宗の気質である。

政宗の曾祖父稙宗が陸奥国守護、祖父晴宗が奥州探題に補任、父輝宗が奥州探題を自任した由緒があり、政宗自身も奥州探題を自任し行動した。

仙台藩にあっては、藩祖政宗は絶対であり、批判は許されない。そのため仙台人士にも奥州探題の意識が浸透し、これが組織文化を形成した。米沢藩をはじめとする諸藩も大藩である仙台藩の動向を窺う必要があった。そして攻守同盟も必要であった。仙台藩自身、列藩同盟の盟主になり得たことは奥州探題の自覚を満足させるものではあるが、同時に会津藩救解という悲劇を抱え込むことになったのである。

石澤友隆著『よもやま探訪記「仙台人」気質』は、政宗の気質の遺伝そして明治以降、東北の中核都市として東北を統括する官庁、会社が集中したことなどから、宮城県人が東北の中で優越感を持つと同時に、東京の次との第二の劣等感を持っているという。

四　まとめ

戊辰戦争における仙台藩は、確かに弱かった。銃・大砲が旧式、戦略・戦術が拙劣なことなどから殆ど連戦連敗であった。このため列藩同盟の他藩の信頼を失った。戦争に敗れたことが、皇国史観のもとで仙台藩は賊軍との汚名を着せられ、永い間、宮城県民に劣等感を抱かせた。

しかし、仙台藩を頭から非難することは妥当でない。

幕末の各藩における尊王か佐幕かの動きで、仙台藩の藩論が定まらずあいまいな態度を取った。これが日和見或いは佐幕と目された。

これについて但木土佐は、仙台が辺陬の地にあって情報が少なかったことによるもので、反朝廷の精神でなかったと陳述している。当時、多かれ少なかれ日和見主義を取ったのは、仙台藩ばかりではなく多くの藩に見られるものであった。

仙台藩に入る情報が少なかった原因の一つに、前述のように京都留守居役の働きが活発でなかったことも挙げられるが、それも十分な資金がなかったことから他藩留守居役との情報交換が少なかった。

それにしても仙台藩の態度は、すべて佐幕ばかりではなく、幕府から離れようとする動きもあった。

藩主慶邦は、公議政体派であったが、公議政体派は一夜にして君主専制主義に変わった。

藩主慶邦が、この問題にどの程度関わっていたか明らかではないが、他藩主等と語らい徳川慶喜を支える立場を明確に表現し活動していれば、公議政体が一大勢力となり、政体の変化に影響を与え穏やかなものになったのではないか、その後の戦争が避けられたのではないかと考えられる。

仙台藩は、藩政を立て直す必要から戦争を望んではいなかった。また戦争の火の子をあびることも考えていなかった。そのため軍制の整備が遅れ、旧式の火器を使用せざるを得なかった。

そして仙台藩は、戊辰戦争に取り込まれる理由がなかった。しかし、薩長中心の新政府は、仙台藩の去就に疑いを抱くとともに大国である仙台藩の力を過大評価していたと思われる。仙台藩の動きが奥州の諸藩の動きを左右しかねないと判断し、そのため奥州鎮撫と称し、いきなり仙台領内東名浜に兵を上陸させた。これは侵略行為である。そして世良参謀の仙台藩士を逆なでする言動が戦争に向かわせた。全く悲劇である。巻き込まれた民衆は尊い犠牲を負わされた。

幕末・維新における日本は、欧米列強に肩を並べなければならなかった。そのため西洋文化を採用して近代化を図る必要があった。その一つとして富国強兵であり、軍備の充実・拡大が求められた。その前提として天皇制による絶対性、国内統一、中央集権国家が必要であった。

これは歴史の過程としてとらえることができるものの、戊辰戦争は必然であったか。東北諸藩が戦争を望んでいなかったのであるから平和的な手段を取り得た筈である。これを敢えて武力を選択したのはイデオロギーの問題ではなく、当時の薩長勢力が、自己の勢いを誇示するものではなかったか。

戊辰戦争における戦術・戦略の成功が得られたことで、次の朝鮮、初期の中国における戦争に応用された。たとえば戊辰戦争や西南戦争における抜刀による突撃・白兵戦が敵に恐怖を与えるものであったが、それが太平洋戦争でも取られ多くの犠牲を払うことにもなった。

第六章　戦後処理

一　旧幕との関係

慶応四年八月二十六日、榎本武揚の幕府軍艦の開陽、回天、蟠龍、神速、長鯨、大江、鳳凰の七艦、兵約三千名が東名浜沖に投錨した。

駒ヶ嶺・旗巻峠の戦いの砲音が仙台市内に響くようになると市民に不安が広まり、西軍が攻めてくる、街が焼き払われるという流言が飛び、なかには箪笥長持を知行地へ送り込む、或いは婦女子を在所へ退去させるなどの行動に及ぶ武士もいた。

八月下旬頃から泥まみれの顔で帰国する兵、脱走兵、そして諸藩の敗軍の兵、伝習隊、純義隊、聚義隊などの旧幕府軍が、続々仙台城下に入り騒然・混乱の状態となった。

　九月三日、榎本武揚は仙台城中で、藩主慶邦や重臣に抗戦を主張したが、米沢藩木滑要人らが勧降使として来仙しており、仙台藩内の意見が降伏に向かっていたので、榎本側と連携できなかった。そして九月十日、仙台藩は、藩主慶邦の決断により降伏を決定した。

　米沢藩は、西軍側とひそかに和平交渉を行っていた。その結果、本領安堵の感触を得たので降伏することになった。その条件は会津藩、仙台藩に降伏を勧誘することであった。

　慶応四年九月八日、改元され明治元年となった。

　榎本艦隊は、蝦夷地（北海道）に向かうとし、東名浜、塩釜、松島、石巻に分屯していたが、十月七日、牡鹿半島の折浜に集結し、石巻において米千俵、味噌三百樽、塩百五十俵などの米穀薪炭、日用雑貨などの供給を受け、十月十二日、折浜を出航した。

　藩が細谷十太夫に担当させ、これら米穀・日用雑貨、金銭を斡旋・供給させた。

　仙台藩も旧幕関係ばかりでなく諸藩の兵が、藩内に残留していれば、いろいろ面倒なことが生じかねないので、なるべく速やかに立ち退いてもらいたかったのである。

軍艦に乗り込んだのは、旧幕各隊約三千五百人、星恂太郎率いる額兵隊二百五十余名そして桑名藩主松平定敬、老中小笠原長行、板倉伊賀守、竹中丹波守、会津藩家老西郷頼母、仙台藩前執政松本要人らで行動をともにした。

二　額兵隊の出動

星恂太郎、号忠狂《ただのり》、天保一一年（一八四〇）生、明治九年（一八七六）没。開国を主張する大槻盤渓、但木土佐、松倉恂らを国賊として殺害を企てたが、但木土佐から海外情勢を教わり取りやめた。脱藩して、横浜でアメリカ商館長のもとで働くかたわら英式兵学と砲術を学び、慶応四年閏四月、仙台藩に呼び戻され、百七十石大番士に任じられる。藩の要請により洋式軍隊を結成して訓練に励んだ。

その後、額兵隊と改名し、洋式調練を行うとともに洋式装備を取り入れた。白河攻防戦などに出動要請があったが、「武器弾薬が不十分」として断り、日夜、弾薬製造を急いだ。戦備が整ったところ藩論が降伏と決した。星は、憤然として藩境に出動し勝敗を決すべく、九月十五日、額兵隊を率いて南下した。これを知った藩主慶邦は、驚き馬乗して岩沼に至り、松倉良輔らに鎮撫を命ずるとともに親書をもって星を召して「既に国論で軍を収め謝罪を乞うている。これを破ることなく、速やかに兵を収め府内に帰れ」、また侍座していた執政らからも「みだりに戦いを行えば和議が破れる」と諫止され、星は断念した。その後、額兵隊は、黒川郡宮床に屯し形勢を観察することにしたが、解兵し、約半数が蝦夷地に向かった。

三　但木土佐、坂英力ら責任者の処分

九月十日、遠藤文七郎、後藤孫兵衛が奉行に任じられた。遠藤は、これまで対立関係にあった主戦派の責任を厳しく追及した。

九月二十八日、仙台追討総督四条隆謌一行が、仙台一門衆の出向のもとで青葉城に入った。

九月二十七日夜、但木土佐は、片平丁の自邸において嫡子左近とともに捕吏の駕籠に入り、岩出山邑主伊達弾正に預けられた。

坂英力も同日、平然と捕吏を迎え、寺崎邑主黒澤壱岐に預けられた。
両人とも二十日ほどのちに、東京に護送され淀藩の稲葉邸に収容された。
稲葉邸の所在地は、淀藩稲葉長門守の上屋敷が、神田小川町に所在していたので、この地と考える。

収容の状況は明らかではないが、何回か他の獄に移されているのではないか。

これについて会津藩公用人であった広沢安任の手記から考える。

「八月中旬、私は大名町の獄本多候（日比谷御門内紀問所）の旧邸に移された。ここで囚人は三人以外は皆病気にかかり私もその一人となった。津和野藩獄医渡部良甫は残忍な人で病人を救う考えがなく　～中略～　そこへ仙台の家老但木土佐、坂英力、長州の世良修蔵を斬った瀬上主膳、彰義隊の大将義観などの偉い者が入獄して来　～中略～　それも二十日ばかりで十一月二十二日には伝馬町の獄に送られた。この獄の生活の苦は一生中最も苦しかった。獄には名主という親方がいて獄中の全権を握り、第一に入獄者にむちを加える。～中略～　土佐と義観が私のために賄賂を出して安任を優遇してくれと頼んだ」（相田泰三著『会津士魂』会津士魂会、広沢安任の項）

として交流があったことを記している。

多分、その後、但木が疥癬にかかり稲葉邸に戻されたのではないか。

明治二年五月十九日、稲葉邸から仙台藩麻布下屋敷に移され、処刑された。

但木土佐は、別れに来た但木家老山野川広人に、

雲水の行方はいづこ武蔵野をただ吹く風にまかせたらなん　七峰樵夫

の辞世の句を。

坂英力は、同様に家臣岩淵千代治に、

うき雲を払ひかねたる秋風の今は我が身にしみ残れる
国のためすつる命のかひあらば身はよこしまの罪に朽つとも
危きを見るすてぬ道の今ここにありてふみゆく身こそ安けれ

の辞世の句を渡した。

この他奥羽越列藩同盟の結成や開戦の経緯の訊問に対し、両人は、「藩主の方針より出たものでなく臣らの罪である」旨の長文の弁疎書を提出した。

没年は、但木土佐、五十二歳。坂英力、三十七歳。芝東禅寺に葬られた。

仙台藩下屋敷は、現南麻布一丁目所在韓国大使館の地である。天保一二年の書き上げでは、二万千二百九十三坪。薩摩出身、松方正義の次男正作の時、約四千坪。元駐

日大使ライシャワー夫人春の生地。戦後、韓国大使館。現在、仙台坂の名が残されている。坂のなかほどの土地。当時、海を望めたのではないかと思う。しかし昭和三〇年頃は、この辺一帯は夏の夕方などには東京湾の汽笛が聞こえた。

東禅寺は、慶長一五年（一六一〇）、日向飫肥藩伊東修理太夫祐慶が僧嶺南を開基として嶺南坂の地に建立。その後、芝高輪に移転。臨済宗妙心寺派の寺院。伊東家、岡山池田家、仙台伊達家、宇和島伊達家など大名十八家の江戸の菩提寺、在府の大名夫人や夭逝の世子が葬られている。但木土佐は、現在、吉岡の保福寺に改葬されている。坂英力は、仙台市青葉区二日浄寺に改葬か。

藩主慶邦と嗣子亀三郎は、東京へ護送されて十一月十日、芝増上寺子院良源院に入り、謹慎した。

良源院は、伊達家の増上寺参詣の時の支度所。歌舞伎『先代萩』の浅岡飯炊きの舞台である。

十二月十一日、伊達亀三郎（宗基）が伊達家の継承を認められ、伊達藤五郎、伊達将監が後見人に任じられた。

慶邦は隠居して楽山と号し、謹慎していたが、九月に謹慎を解かれ、十二月二十六日、帰仙した。

版籍奉還後、亀三郎が家督。新封が名取、宮城、黒川、玉造、志田の二十八万石となった。

仙南の柴田、刈田、伊具、亘理、宇田（のちに福島県に編入）の五郡は、南部藩が十三万石に減封され白石城を居城とし移転することになった。

瀬上主膳は石川大和に、但木左近は伊達数馬に、松本虎之助は茂庭周防に預けられ謹慎の命を待った。

松本要人（着座千四百石）主戦論派、召連れに来た監察渋川助太夫を待たせている間に、小物の衣服を着け魚網を肩に掛け塩釜方面へ逃げた。妻貞子が、用人を説得し刺殺、要人の衣服を着せ自殺を装った。

その後、松本は、榎本の軍艦にて函館へ逃走した。しかし、やがて星恂太郎とそりが合わず、ひそかに東京に帰り、潜んでいた。山王の祭の日、日本橋を徘徊していたところ遠藤文七郎に見つかり、仙台に送られ禁固に処せられ、明治五年五月、免じられた。明治九年、師範学校に入学。最後は、小学校長。明治二六年、七十八歳で没。

玉虫左太夫は、榎本艦隊とともに蝦夷地に行こうとした。そのため塩田関係で馴染みのある気仙沼で乗船しようとし榎本艦隊より先に気仙沼に行き、待っていた。ところが予定の日に榎本艦隊が現れないので仙台に戻ろうとした。玉虫が戻った翌日に、榎本艦隊が気仙沼港に入り塩を補給した。玉虫は志津川で捕縛され、禁錮七か月の刑に処せられ、その後復職したものの藩内の政変により、明治二年四月九日、若生文十郎、安田竹之輔とともに切腹を仰せつけられた。

三好監物清房（黄海村五百石）、出入司、若年寄、文久二年六月二十八日、近衛忠熙の関白就任祝賀に使者として派遣された遠藤文七郎が、京において各方面と周旋し、藩主慶邦に攘夷の勅書を与えられ、明年、将軍上洛の際には将軍に随行することがなく、藩主単独で上洛することを約束した。これにより藩内は、遠藤一派の尊王攘夷派と但木らの佐幕派との対立が生じた。この遠藤に与えられた勅書の内容確認のため監物が派遣され、尊王攘夷派に接近した。また明治元年二月、上京した際には奥羽鎮撫使参謀などとある程度気脈を通じて帰国した。これが救会派から批判された。四月四日、若年寄を解任され黄海に帰った。西軍との戦いで仙台藩は各所で敗退。そのため尊攘派を警戒し、八月十四日、捕吏がやってきたことを知り、自刃した。五十四歳。

世良関係者の瀬上主膳、田辺覧吉、赤坂幸太夫、福島藩の鈴木六太郎、遠藤条之助らも入牢したが、処分は瀬上が禁錮、他は稲葉藩預け、福島藩の者は同藩預けの処分となったが、瀬上は、国許でも勝手たるべしというものでそれぞれ重い処分はなかった。

なお瀬上の軍監大槻定之進（安広）は、郷里に帰村していたところ、明治二年六月十五日、仙台迄同道するよう迎えを受けたので世良の件と分かり短剣をもって喉を刺し気絶した。介抱を受け一命を取り止めた。東京に出て、九月十日刑部省に出頭し訊問を受けた。その後、二～三回訊問をうけ明治三年九月八日、帰国した。

また細谷十太夫、大松沢掃部之輔は、その後、仏門に入った。

四　鎮撫兵の暴行

九月二十六日　仙台追討総督四条隆謌一行が青葉城に入り、奥羽鎮撫府を開庁し青葉城内の倉庫の兵器を点検、封印。仙台藩士の城内への出入りを禁じ諸政を把握した。

総督府は城内に、兵士は町家に宿泊した。兵士の目にあまる乱暴狼藉が市民の怨みを買った。

仙台藩執政石田正親のもとに官軍の横暴の訴えが相次いだが、打つ手がなく、理非を問わず反抗したものを罰すると触れるばかりである。

刈田郡宮村の白鳥神社の白鳥が、阿武隈川に降りたっているのを、芸州浅野家の兵が白鳥を撃った。白鳥は神のお使いとして信仰の対象になっている。これを見ていた船岡の柴田中務家中の森玉蔵と小松亀之進が怒った。森が怒りその藩兵を撃った。弾は藩兵の腕を貫いた。事件になった。

柴田側が二人を捕らえ仙台に送ろうとした。ところが途中で森玉蔵が逃走した。長州藩の総督府参謀高橋熊太郎は激怒し、遠藤文七郎に逃走したのは主人の落ち度であるから責任を取れと申し入れてきた。玉蔵を捜索したが手掛かりがなかった。柴田中務にとっては寝耳に水のようなできことである。藩首脳部が協議し結局、柴田中務に責任を取らせることにした。

柴田は覚悟し、明治元年十一月四日、仙台において切腹した。

現代であれば全く公平を欠いた処置である。芸州側が負傷。しかも原因を作出している。

まず謝罪すべきは芸州側である。藩兵にそれなりの責任を負わせるべきである。柴田側の責任は森玉蔵に軽率にも傷害を負わせた責がある。しかし、正義感によるものであるから相応の処罰は当然としても重罰は公平の見地から相当でない。そして柴田中務に監督責任を負わせるのは酷である。せいぜい謝罪程度である。

当時の庶民感情からしても全く納得できない処置であったろう。これが官軍を怨み、憎悪をつのらせる因となる。

また藩内は統一を欠いた。

仙台藩内では、これまで主流であった主戦論派の奉行和田織部、同遠藤吉郎左衛門、近習目付安田竹之輔、近習若生文十郎、脇番頭熊谷斉、目付斎藤安右衛門、同栗村五郎七郎らと次々に責任を取らせ切腹まで追い込ませ、内部抗争が尾を引き有為な人材を失った。

五　他藩の処分

会津藩、戦争責任者の家老三名のうち萱野権兵衛が斬首、神保内蔵助と田中土佐は自刃。

家名存続が認められるも容大《かたはる》にて斗南三万石へ移封。藩士は、移封の地で辛苦に耐えた。

南部藩、明治二年六月二十一日、盛岡法恩寺にて家老楢山佐渡が切腹、三十九歳。利恭《としゆき》にて白石十三万石で移封。二年後に償金七万円で盛岡に回復。

庄内藩、忠宝《ただみち》にて家名存続、実高十三万石に減封。庄内藩の寛典は、西郷隆盛の配慮があったといわれている。

米沢藩、四万石の減封。茂憲《もちのり》にて家名存続。

二本松藩、実高五万石に減封。養子長祐《ながひろ》にて家名存続。

平藩、移封を命じられたが、その後、取り消される。

その他、多くは減封にて処理されている。

六　移住

亘理伊達、仙台南郡が南部盛岡藩領となり、亘理領の全領没収、家禄五十八石。そのため伊達邦成は、北海道移住を決意した。明治二年八月、新政府に出願を認められ、十月十八日、函館裁判所室蘭詰所において、南は室蘭郡の境から、北は虻田郡の境までの有珠郡支配地を受け取った。

明治三年三月二十九日、第一回移住者二百二十人と大工ら三十人が寒風澤を出航。四月七日、室蘭から上陸、有珠まで徒歩。翌日から仮小屋掛けに取りかかり短期間に五十六軒の仮小屋を建てる。四月十七日、邦成が鍬入し、開拓の第一歩とした。また宅地割り当ても受けた。その後、同一四年四月まで九回に亘り移住。粗食に耐えて開拓を行い、西洋式馬耕を取り入れ、一日の開拓面積を一五〇坪（約五〇〇平方メートル）から九〇〇坪に伸ばし、火山培地を沃野へ変えた。菜種、亜麻、藍などを栽培し、農産加工製造による現金収入も図った。

明治一三年に官営甜菜製糖所が建設された。この開拓の成果は、明治一四年の第二回内国博覧会の出品に対して邦成に名誉一等賞牌を賞与され、北海道開拓に功績を残した。

現伊達市と亘理町は「ふるさと姉妹都市」を締結している。

角田石川家は、明治二年八月、北海道の開拓嘆願書を提出、これが認められ支配地として室蘭郡が引き渡されることになった。領主石川邦光ら十三名が明治二年十二月二十日、有殊郡との境界に標柱を建てた。明治三年四月六日、第一次移住者が入植した。ところが片倉家側と境界問題が発生した。そして移住者の一部が片倉側に組み入れになった。その後、廃藩置県となり、支配地が開拓使の直属に、また民籍編入（平民になる）などの問題が発生し移住者の士気が低下した。これを心配した泉麟太郎は、帰農に傾いていた旧主邦光に北海道への移住を願い出た。これを弟光親が代わって移住することになった。移住者も落ち着きを取り戻し光親の下で盟約を結び開拓の決意を新たにし、光親を慶応義塾で学ばせることにし学費を負担した。明治一四年、邦光に移住促進の同意を得て同一四年四月、第二次移住者二十一人を室蘭に入れた。牧畜、林業、製鉄、製糸など広く事業を営み、室蘭を活発にした。明治二〇年屯田兵が入村、さらに二二年、二一〇戸が入村したので、泉麟太郎らは広い土地を求め、第二の角田郷として夕張川を渡りアノロに入り開拓した。

白石片倉氏家臣六百人が咸臨丸にて渡道し、うち六十七人が最月寒に入植した。そして札幌市白石区のもとになる豊平川と厚岸川の間を短期間で開拓した。これを北海道判官の岩村通俊が白石村と名付けた。

岩出山伊達は六十五石に減封された。伊達邦直は亘理領主邦成の兄。北海道開拓を決意し、一部藩士の反対を押し切り、明治四年春、第一次の百六十人が渡道した。ところが与えられた空知郡奈井江が奥地すぎた。次の厚田郡聚富は砂地で不毛の地である。

家臣団が探査し当別の地に到達した。この地を開拓することにし、翌年春に第二次移住者を募ったが、応募者は百二十人で見込みの二割程度であった。当別は極寒、豪雪地であった。開拓に苦労し、大麦、小麦、大豆、麻などを生産し、開拓を軌道に乗せた。また学問所有備館の蔵書を移動・搬入して学問に励み、邑則《ゆうそく》を定め村議を階級制から議会制に転回を図った。

あとがき

「一山百文」は、東北人に対する蔑視である。また「賊軍」とも呼ばれた。原敬は、これに反発し、号を「一山」と称した。会津人や盛岡人は、反発力が強い。それにより各界に有為な人材を輩出した。これに比して、宮城県人・仙台人は反発心が弱いのでないか。

私は、戊辰戦争に興味を抱くようになるとともに会津藩の戦いに感動した。そのため、ある一日、若松市内で自転車を借り、天寧寺の萱野権兵衛の墓に詣で、また史跡を訪ね市内を一周した。自転車店で返したあと、汗をかいた身を休めるため店前のベンチに腰掛けた。

その近くに四、五人の年配の男たちがいた。会話を始めたところ「若松の戦争は、教科書にあるようなものではなく、もっと酷いものであったに違いない。いまでも道路工事をする際などに道路脇から人骨が出る」という。もっともなことだと思った。

そのため一層勉強する気になり、藤原相之助著『仙台戊辰史』を読み始めた。同書は、いまや古典である。難解である。

そして定年になり、仕事を引いたことから、戊辰戦争関係の書籍や資料を渉猟し始めた。その結果、仙台藩における戊辰戦争を自分なりにまとめる気になった。

今回、全く偶然にも幻冬舎から出版していただくことになりました。出版に当たり、編集部の佐藤南実様をはじめとする皆さまに大変お世話になりました。感謝の至りであります。

用語解説

一門　戦国時代の大名家、藩主の親族が列せられた家格。藩主幼少時に後見役に就くこともあるが、原則的に藩政に関与しない。藩主名代・節句・朔望……祝儀の御礼・ご機嫌伺など形式的な任務に限定。

一家　伊達家から分かれた分家。古くからの有力家臣であった家柄の家格。奉行、大番頭などに就き藩主を補佐する。

準一家　一家に準ずる家格。戦国時代の大名の分家、有力家臣であった家格。

一族　古くからの有力家臣であった家格。一家と同じ要職に就く。

宿老《しゅくろう》　戦国時代に当主を補佐し、領国経営に携わった家臣の家柄。奉行職と同様に「家老」と呼ばれることもある。

着座《ちゃくざ》　儀式で登城し、着座して挨拶のできる家臣。身分が低くとも功績によって与えられた家が多い。

太刀上《たちあげ》　正月の賀礼に太刀を献上し、盃を頂戴できる家臣。

召出《めしだし》　正月の儀式で宴会に参加できる家柄。元日や二日に参加できるものを一番座、二番座と分ける。

平士《ひらし》　米沢領時代からの譜代や上級家臣の分家、江戸時代初期、前期に新たに召し抱えられた家臣。

組士《くみし》　平士の下位に位置づけられる階級。この組士以上の家格が侍身分。多くは、切米や扶持で城下に居住、例外的に藩内要地の大身家臣に与力として預けられ知行地を与えられていた。

卒　旗本足軽、旗本鉄砲組足軽など約五千人が存在。殆どが切米や扶持を与えられていた。

大番組　藩の主力となる組。各組三百六十人、十組。

大番頭《おおばんかしら》　大番組の長、城の番役を司る。副を脇番頭と呼んだ。

大番士　大番組の士。家格によって城内詰所に詰めるので「〇〇の間番士」と呼んだ。

勝手方　金銭の出納を司る。

近習　主君のそば近くで勤務する。

近習目付　奉行に直属。藩主の側近にあって各部署の違法を監察する。火災防止の指揮をする。

郡奉行　出入司の支配下、郡務のすべてを担当。二、三百石の大番士から任命される。城中で勤務するが春秋と二回、回村して視察。員数は四名。

小姓頭　若年寄支配下、藩主身辺の用向きを司る、贈答方を兼務。支配下に小姓組、祐筆、納戸があった。

在郷屋敷　家臣が藩から拝領した場合であっても在所の基準を満たさない場合や独力で知行地内に屋敷を設けたもの。

参府　大名が江戸に、家臣が仙台に出仕すること。仙台に滞在するのを定仙と呼んだ。

出入司《しゅつにゅうつかさ》　藩の財政を司る。員数は五名。内一人は飛び地の龍ヶ崎奉行を兼任。

奉行　藩政執行の最高責任者。他藩の家老。藩主を補佐、諸役人の選出など藩政一般を総括する。員数は六人、二人は江戸詰、仙台詰の四人の内の二人は在郷で休息。勤務は月番制。重要政務は六人の合議制。一門、一家、一族、宿老、着座などの二千石以上からの選出が多い。藩政改革で執政。

武頭 物頭とも。歩率の頭。

町奉行 仙台城下の市政・司法を司る。二ヶ所に設置。おおむね大番士から登用。月交代で奉行所に勤務。

邑主《ゆうしゅ》 地行地を有し、要害、所を所持する有力家臣。慣習的に地頭、領主と呼ぶ。

用人 主君の側近で出納・雑事を担当。

若年寄 若老、小老とも。奉行を補佐して庶政を司る。奉行や出入司の支配外の大番士以上の進退を司る。評定役、鷹方の事務を兼帯することも。参政改革で参政。

但木土佐提出の「弁疏書」（写）宮城県図書館蔵

参考文献

復刻『仙台戊辰史』藤原相之助著　柏書房　一九六八年
『仙台戊辰物語』橋本虎之介著　歴史図書社　一九八〇年
『戊辰役戦史』大山柏著　時事通信社　一九八八年
『幕末維新戊辰戦争辞典』太田俊穂監修　新人物往来社　一九八〇年
『戊辰戦争全史（下）』菊地明他編　新人物往来社　一九九八年
『戊辰戦争論』石井孝著　吉川弘文館　一九八四年
『戊辰戦争』原口清著　塙書房　一九八六年
『仙台藩戊辰史』下飯坂秀治編　国会図書館蔵
『戊辰出羽戦記』狩野徳蔵編　東洋書院　一九七九年
『奥羽戊辰戦争と仙台藩』藤原相之助著　柏書房　一九八一年
『理由なき奥羽越戊辰戦争』渡辺春也著　敬文堂　一九八五年
『戊辰東北戦争』坂本守正著　新人物往来社　一九八八年
『仙台戊辰戦史』星亮一著　三修社　二〇〇八年
『仙台藩帰らざる戦士たち』星亮一著　あすか書房　一九八七年
『物語二本松少年隊』青木更吉著　新人物往来社　一九九一年

『檜山佐渡のすべて』太田俊穂編　新人物往来社　一九八五年
『西郷隆盛伝説の虚実』安藤優一郎著　日本経済新聞出版社　二〇一四年
『山片蟠桃』山木育著　東洋経済新報社　一九九八年
『陸軍創設史』篠原宏著　リブロポート　一九八三年
『奥羽越列藩同盟』星亮一著　中央公論新社　一九九五年
『東北戦争』山田野理夫著　教育社　一九七八年
『幕府歩兵隊』野口武彦著　中央公論新社　二〇〇二年
『戊辰戦争の新視点（下）』奈倉哲三他編　吉川弘文館　二〇一八年
『仙台藩ものがたり』河北新報出版センター社編集局編　二〇〇八年
『幕末戊辰仙台藩の群像』栗原伸一郎著　大崎八幡宮　二〇一五年
『仙台藩と飢饉』菊池勇夫著　大崎八幡宮　二〇〇八年
『仙台藩農政の研究』近世村落研究会　日本学術振興会
『本石米と仙台藩の経済』岩本由輝著　大崎八幡宮　二〇〇九年
『よもやま探訪記「仙台人」気質』石澤友隆著　河北新報出版センター　二〇一三年
『失敗の本質　日本軍の組織論的研究』戸部良一他著　中央公論新社　二〇二一年
『天保凶歳日記』別所万右衛門　東北大学図書館蔵
『復古記』太政官編　内外書籍
『宮城県史』宮城県史編纂委員会編　宮城県史刊行会

『宮城の研究近世編』渡辺信夫編　清文堂出版
『岩手県史第六巻』岩手県編　杜陵印刷
『仙台市史』仙台市編　仙台市
『宮城県黒川郡誌　昭和四七年刊』黒川郡教育会編　名著出版
『岩出山町史通史編』岩出山町史編　大崎市
『亘理町史』亘理町史編纂委員会編
『北上川舟運による盛岡藩の江戸廻米輸送』諸富大・遠藤匡俊著　歴史地理学会
『石巻市文化財だより』石巻市教育委員会編・発行